EERSTE EDITIE - Gepubliceerd in 2022

Extra grafisch materiaal van: www.freepik.com
Dank aan: Alekksall, Starline, Pch.vector, Rawpixel.com, Vectorpocket, Dgim-studio, Upklyak, Macrovector, Stockgiu, Pikisuperstar & Freepik.com Designers

Ontdek gratis online spelletjes

Hier verkrijgbaar:

BestActivityBooks.com/FREEGAMES

5 TIPS OM TE BEGINNEN!

1) HOE OP TE LOSSEN

De Puzzels zijn in een Klassiek Formaat:

- Woorden worden verborgen zonder pauzes (geen spaties, streepjes, ...)
- Oriëntatie: Voorwaarts & Achterwaarts, Boven & Beneden of in Diagonaal (kan in beide richtingen)
- Woorden kunnen elkaar overlappen of kruisen

2) ACTIEF LEREN

Naast elk woord is een spatie voorzien om de vertaling te noteren. Om actief te leren vindt u een **WOORDENBOEK** aan het einde van deze editie om uw kennis te controleren en uit te breiden. U kunt elke vertaling opzoeken en opschrijven, de woorden in de puzzel vinden en ze vervolgens aan uw woordenschat toevoegen!

3) TAG JE WOORDEN

Hebt u al geprobeerd een labelsysteem te gebruiken? U zou bijvoorbeeld de woorden die moeilijk te vinden waren kunnen markeren met een kruis, de woorden die u leuk vond met een ster, nieuwe woorden met een driehoek, zeldzame woorden met een ruit enzovoort...

4) ORGANISEER UW LEREN

Wij bieden ook een handig **NOTITIEBOEKJE** aan het eind van deze uitgave. Of u nu op vakantie, op reis of thuis bent, u kunt uw nieuwe kennis gemakkelijk ordenen zonder dat u een tweede notiticboek nodig hebt!

5) AFGESLOTEN?

Ga naar de bonussectie: **FINAAL UITDAGING** om een gratis spel te vinden dat aan het einde van deze editie wordt aangeboden!

Wil je meer leuke en leerzame activiteiten? Het is Snel en Eenvoudig!
Een hele collectie spelboeken slechts **één klik verwijderd!**

Vind uw volgende uitdaging bij:

BestActivityBooks.com/MijnVolgendeBoek

Klaar... Start!

Wist u dat er zo'n 7000 verschillende talen in de wereld zijn? Woorden zijn kostbaar.

We houden van talen en hebben hard gewerkt om de boeken van de hoogste kwaliteit voor u te maken. Onze ingrediënten?

Een selectie van onmisbare leerthema's, drie grote plakken plezier, dan voegen we er een lepel moeilijke woorden en een snuifje zeldzame woorden aan toe. We serveren ze met zorg en een maximum aan verrukking, zodat je de beste woordspelletjes kunt oplossen en veel plezier beleeft aan het leren!

Uw feedback is essentieel. U kunt een actieve bijdrage leveren aan het succes van dit boek door een recensie achter te laten. Vertel ons wat u het meest beviel in deze editie!

Hier is een korte link die u naar uw bestelpagina brengt:

BestBooksActivity.com/Recensies50

Bedankt voor uw hulp en veel plezier met het spel!

Linguas Classics

1 - Metingen

```
K Q A X Z E O H C V L X D S C D
B I N Ć K L D E Z F G G Ł T E Z
K H L Ś Q B F Z J N C L U O N I
K Ć Ś O K O R E Z S F T G P T E
K Ś L T M A I E M E T R O I Y S
T O U Ę A E T W J J X K Ś E M I
B K Q J R K T O Z G D V Ć Ń E Ę
K O H B G T K R N B A J T D T T
E S U O R L Q T O A G T G V R N
T Y N Q W V V I Q N A Y U N Y Y
F W C G Q X M L A A W R Ł N Z L
E R J G Ł Ę B O K O Ś Ć H B I Q
I U A F K I L O G R A M M F E M
M Q E P I X E Ł L K S U W V Ł M
I X C A L P I M I P A U N M F O
I H C J F F G Z D T M V D L L D
```

SZEROKOŚĆ	KILOGRAM
BAJT	KILOMETR
CENTYMETR	DŁUGOŚĆ
DZIESIĘTNY	LITR
GŁĘBOKOŚĆ	MASA
WAGA	METR
STOPIEŃ	MINUTA
GRAM	UNCJA
WYSOKOŚĆ	TONA
CAL	OBJĘTOŚĆ

2 - Opwarming van de Aarde

```
E P P G D D L Y I N R V S G B W
N R E U P O U W K A M O Y M S M
E Z A R E Y D D V U Y E Z A G Z
R E T K D Ą Z R K K K A Y W R F
G M E Y L B I I Z O Q S R K Ó S
I Y R J P I E E F W S R K X P J
A S A G W C M N F I P N J I K P
P Ł Z Y R U T A R E P M E T V R
B O M W P M K D T C L L T S Q Z
L E K K O N S E K W E N C J E Y
G D Z O Ś R O D O W I S K O S S
Y X J G L U W A G A P B Q S Y Z
F K A S H E W U Z L Ł Y A G I Ł
T E X E R Y N Z C Y T K R A N O
K D F E Y L Ł I G R K Y U F B Ś
G Q I D U O Y N A I M Z G O O Ć
```

UWAGA
ARKTYCZNY
KRYZYS
ENERGIA
GAZ
DANE
POKOLENIA
KONSEKWENCJE
PRZEMYSŁ
KLIMAT

LUDZIE
ŚRODOWISKO
TERAZ
ROZWÓJ
RZĄD
TEMPERATURY
PRZYSZŁOŚĆ
ZMIANY
NAUKOWIEC

3 - Keuken

```
Z A M R A Ż A R K A W P Z I Q N
J Z K I E D J H C U T R A F S P
F T O M G I G R I L L Z O Y H R
P A Ł E C Z K I F L V E G A Ł Z
X Z N G Ć S Ł O I K N P N D R Y
A R J J Ś T D A E Z I I Q G R P
Y B N I O K M F N J Q S H B G R
D Z B A N E K J M M I S K A Ą A
Z I R C W L C K U B K I T K B W
K F I H Y N O L Ł F Ż T L T K Y
Y W Y O Ż C O D E Ł Y Q R E A W
W N K C D E X Ż Ó D Ł J Ł W K N
W I A H B W I O E W I R G R T W
P R J L W J T B Ł U K W B E V O
I N A A C Z A J N I K A B S I Ł
Y P W U P I E K A R N I K Q L R
```

KUBKI	CHOCHLA
PAŁECZKI	SŁOIK
GRILL	PRZEPIS
CZAJNIK	FARTUCH
LODÓWKA	SERWETKA
MISKA	PRZYPRAWY
DZBANEK	GĄBKA
ŁYŻKI	ŻYWNOŚĆ
NOŻE	WIDELCE
PIEKARNIK	ZAMRAŻARKA

4 - Boten

```
F N W X C Y U J R Z H J N Q K A
C X R G B Q B E R O Y E A G O V
M Z I G D H R X Z Q X Z U Ł T M
R V B H V D Q R L R E I T M W Z
T U F G K V V C R K Y O Y A I U
I Z D E M L P D T K E R C R C M
M U W B O O R Z E K A O Z Y A W
R O G L R U R P M O K D N N B G
B B R X V W J S L D A O Y A V A
B X O Z D R K U K C J U B R O K
M Z F J E T Y E I I A X I Z I W
A T Z S A M P D N Y K W V W B Ó
Z A Ł O G A R Y L I W F W C Ł L
G Y V K T V O A I P N A E C O G
T R A T W A M Z S D Y L L I N A
A W W W A O J A C H T E T B U Ż
```

KOTWICA
ZAŁOGA
BOJA
DOK
FALE
JACHT
KAJAK
MORSKI
MASZT
MARYNARZ

JEZIORO
SILNIK
NAUTYCZNY
OCEAN
RZEKA
LINA
PROM
TRATWA
MORZE
ŻAGLÓWKA

5 - Chocolade

```
K  V  I  F  F  E  H  G  N  I  S  M  E  L  Z  K
Z  G  S  O  T  N  A  D  Y  S  K  O  Y  T  N  A
S  K  Ł  A  D  N  I  K  K  A  R  M  E  L  Q  L
F  K  J  P  R  O  S  Z  E  K  T  Ł  L  R  T  O
O  Ł  H  T  G  E  G  Z  O  T  Y  C  Z  N  Y  R
N  U  W  O  P  V  D  Q  E  X  A  M  Y  V  F  I
S  E  S  J  R  Ł  A  T  Y  I  V  M  N  K  I  E
J  M  G  O  R  Z  K  I  G  Y  T  F  O  E  L  Ł
I  A  A  C  U  K  I  E  R  K  X  Q  I  R  I  G
M  H  K  K  D  S  N  K  O  K  O  S  B  E  A  S
V  G  E  O  C  T  J  K  A  J  V  I  U  I  B  Ł
U  V  W  D  Ś  U  E  Ł  K  U  S  P  L  K  H  O
U  M  L  Y  Ł  Ć  Ś  J  A  I  D  E  U  U  Q  D
P  Y  S  Z  N  Y  Ć  O  K  I  G  Z  B  C  Ł  K
S  E  Y  T  T  S  J  M  B  J  C  R  P  I  W  I
X  Ł  Q  B  F  D  O  L  Z  K  O  P  C  P  T  E
```

ANTYOKSYDANT	KARMEL
AROMAT	KOKOS
GORZKI	JAKOŚĆ
KAKAO	PROSZEK
KALORIE	PRZEPIS
JEŚĆ	SMAK
EGZOTYCZNY	CUKIEREK
ULUBIONY	CUKIER
PYSZNY	SŁODKIE
SKŁADNIK	

6 - Gezondheid en Welzijn #2

```
A N A T O M I A P X S V L O C T
N P S S J U W Ł E G Z W Y D H R
I D F B J Q X U E P P A A Ż O A
M M H A J C K E F N I G A Y R W
A A H I Z P N E Ł D T A E W O I
T S E R T S K L N J A W K I B E
I A V O Ł A I C T E L U B A A N
W Ż Z L M P C L Z S R N X N J I
Ł Q D A N E I G I H I G R I Z E
C F A K Y T E N E G M Ł I E K U
R P R G W E R K Ł V A C A A Ł Ł
P J O L O D Z O D B K Q B H C E
V I K U R A I M F Q Y F L O R X
N C I S D I U E A L E R G I A G
K W F C Z U G I T I M Z U X Ł G
I W M E H K C L P A V U U I C H
```

ALERGIA	INFEKCJA
ANATOMIA	SIŁA
KREW	CIAŁO
KALORIA	MASAŻ
DIETA	TRAWIENIE
ENERGIA	STRES
GENETYKA	WITAMINA
WAGA	ODŻYWIANIE
ZDROWY	SZPITAL
HIGIENA	CHOROBA

7 - Tijd

```
S O J R T R O C Z N E A Z V Z K
T Ł A P B V B D C Q Q D E R O A
K T J Z Z J P C J D D S G G Z L
W J I Q B G S K R U E P A T M E
G A M I E S I Ą C O N K R C R N
P R Z Y S Z Ł O Ś Ć R R A J O D
T O S T U L E C I E Y U A D K A
E Z H A K V O W R I A T I N A R
R C K D Z I E Ń J I F O Q Z O Z
A W X S L G G L U A M R Ł O W S
Z E Q W L N U K U Y I H N Ł E P
B P G K U A R G S Y N S E Z C W
P O P O Ł U D N I E U O I G O E
T Y D Z I E Ń X S P T I M Z Q R
U G O D Z I N A B P A I F Z D X
Ł E Ł E Z A D C K I J C C D Q E
```

DZIEŃ	MINUTA
DEKADA	PO
STULECIE	NOC
WCZORAJ	TERAZ
ROK	RANO
ROCZNE	PRZYSZŁOŚĆ
KALENDARZ	GODZINA
ZEGAR	DZISIAJ
MIESIĄC	WCZESNY
POŁUDNIE	TYDZIEŃ

8 - Meditatie

```
O  B  S  E  R  W  A  C  J  A  X  K  B  G  W  F
W  D  Z  I  Ę  C  Z  N  O  Ś  Ć  E  A  C  S  N
H  V  Ć  Ś  O  T  S  Y  Z  R  J  E  Z  R  P  A
W  Z  O  D  E  I  C  Ś  Ę  Z  C  Z  S  Z  Ó  T
I  Ł  O  Q  R  L  Y  L  H  E  F  H  I  Ć  Ł  U
J  B  S  V  W  Ś  P  Ł  W  I  P  O  C  Ś  C  R
U  W  A  G  A  Y  W  O  H  C  E  D  D  O  Z  A
C  N  Q  K  Q  M  B  B  P  Ę  R  L  O  W  U  W
U  O  F  F  Y  M  S  Y  O  J  S  O  B  I  C  A
E  I  F  M  O  Z  S  T  K  Y  P  A  U  L  I  T
G  Q  S  I  U  R  U  A  Ó  Z  E  R  D  Z  E  S
G  M  V  R  F  L  N  M  J  R  K  S  Z  C  J  O
L  E  H  X  X  V  V  M  O  P  T  D  I  Y  C  P
P  S  Y  C  H  I  C  Z  N  Y  Y  K  Ć  Ż  O  W
S  T  H  M  U  B  J  I  G  V  W  A  T  P  M  N
A  K  M  V  T  R  A  P  Ł  F  A  O  L  Q  E  W
```

UWAGA	WSPÓŁCZUCIE
PRZYJĘCIE	PSYCHICZNY
ODDECHOWY	MUZYKA
RUCH	NATURA
WDZIĘCZNOŚĆ	OBSERWACJA
EMOCJE	PERSPEKTYWA
MYŚLI	CISZA
SZCZĘŚCIE	POKÓJ
PRZEJRZYSTOŚĆ	ŻYCZLIWOŚĆ
POSTAWA	OBUDZIĆ

9 - Muziek

```
T N W Y P H B N O L S M V M A M
T E R Y T M I C Z N Y P K N L U
M F M Ł F V F I E C B O M A Z S
M U W P W T W W O F D E I G H I
U J Z Ł O R Y T M V P T K R C C
Q I A Y O V N O X W A Y R A J A
K Z I T K M S C H Ó R C O N I L
K Q N Z W F W S V B E K F I N E
P I O S E N K A R Z P I O E S I
K T M C P V V J D S O E N Ł T O
N M R U H A B D U A K S Y P R G
G U A Y N Z C Y R I L F H R U A
H B H X X E X A I D O L E M M Q
K L A S Y C Z N Y X Y P A L E J
Ć A W O Z I W O R P M I E B N Ł
Z Z M D Y K F Ś P I E W A Ć T B
```

ALBUM	MUSICAL
BALLADA	MUZYK
HARMONIA	OPERA
IMPROWIZOWAĆ	NAGRANIE
INSTRUMENT	POETYCKI
KLASYCZNY	RYTM
CHÓR	RYTMICZNY
LIRYCZNY	TEMPO
MELODIA	PIOSENKARZ
MIKROFON	ŚPIEWAĆ

10 - Vogels

```
Q C O K X E Ź I T M G O Ł Ą B L
M Z T D K H D G K Z T K T D D S
I G P T A Ł Ę N U W Y J I K B O
G N A I C O B I K G B A K G K X
N I X K Z U A W U I Y J W Ł M B
X M J Y K N Ł G Ł R C H R E M F
B A L P A Z C N K H Y P Ó C I G
I L S Ł O G V I A W E M B B Y E
Z F S Y H P V U K P U E X B N
W C B T X K A Z C R U K L W M X
T T A R R F W G Ę Ś T S O W A
Y T S T N U W R O N A P G J X S
Ł G A R M I Ś P A P U G A O D U
B O G V M T C Q R P E L I K A N
M A R H C J A M L F R C N M Y X
R C C J R C K A H F R L W L V B
```

GOŁĄB

KACZKA

JAJKO

FLAMING

GĘŚ

KURCZAK

KUKUŁKA

WRONA

MEWA

WRÓBEL

BOCIAN

PAPUGA

PAW

PELIKAN

PINGWIN

CZAPLA

STRUŚ

TUKAN

SOWA

ŁABĘDŹ

11 - Wiskunde

```
R Ó W N O L E G Ł O B O K J S M
Z Y Ł D A P O T S O R P B N P S
Q D A X W I E L O K Ą T F B O U
W T B J V I R Z P Y O O O D D M
D Y R Q A K Y T E M T Y R A Z A
Z T K Ó F Ł L A E B M O D N I I
I Ą G Ł J P V E F M Ł U R B A Y
E K E E A K Y E U H Y Q R D Ł Ł
S O O Z J D Ą H Y W B S T T S G
I B M G C Ó N T R Ó W N A N I E
Ę J E L K W R I Z U K U R W H L
T Ę T G A B T G K V U N D N Q O
N T R P R O S T O K Ą T A U R N
Y O I X F E S Z E K S B W E G W
K Ś A C I N D E R Ś T E K F P Ó
J Ć T T B U P T D R K L G R N R
```

DZIESIĘTNY
ŚREDNICA
PODZIAŁ
TRÓJKĄT
WYKŁADNIK
FRAKCJA
GEOMETRIA
KĄTY
PROSTOPADŁY
OBWÓD

RÓWNOLEGŁY
RÓWNOLEGŁOBOK
PROSTOKĄT
ARYTMETYKA
SUMA
SYMETRIA
WIELOKĄT
RÓWNANIE
KWADRAT
OBJĘTOŚĆ

12 - Gezondheid en Welzijn #1

```
T  V  E  Ł  D  R  P  F  M  R  W  G  B  V  V  Z
B  R  T  B  D  F  P  B  R  E  V  I  Ł  Ł  O  Ł
W  S  I  N  I  M  Y  B  Z  L  J  A  R  Ó  K  S
H  H  X  N  I  N  W  Z  R  A  K  E  L  U  D  C
O  D  R  U  C  H  A  B  D  K  E  Ć  X  R  S  F
T  E  R  A  P  I  A  W  B  S  I  Ś  W  M  K  J
Ł  K  I  E  D  L  W  A  Y  Y  N  O  M  R  O  H
J  J  J  I  J  B  A  K  B  K  A  K  E  M  A  T
S  O  E  N  Y  W  T  T  A  H  M  O  D  I  X  Z
A  P  T  E  K  A  S  Y  K  T  A  S  Y  Ę  K  I
N  D  N  Z  A  K  O  W  T  W  Ł  Y  C  Ś  F  F
E  G  J  C  H  R  P  N  E  R  Z  W  Y  N  M  X
R  J  T  E  Q  Z  M  Y  R  A  K  I  N  I  L  K
W  N  Q  L  E  A  P  Y  I  L  A  I  A  E  F  G
Y  N  N  J  N  Z  U  Z  A  S  N  Z  D  N  O  F
Z  U  X  B  U  L  D  V  N  Z  Ł  Y  I  Y  T  P
```

AKTYWNY	POSTAWA
APTEKA	SKÓRA
BAKTERIA	KLINIKA
LECZENIE	MEDYCYNA
ZŁAMANIE	RELAKS
LEKARZ	ODRUCH
NAWYK	MIĘŚNIE
GŁÓD	TERAPIA
WYSOKOŚĆ	WIRUS
HORMONY	NERWY

13 - Camping

```
O K I U Z G L B Ł S R V F Ł R E
K A J A K R R U M F B V U B F L
H W P F O T E S G Ł C H F Z C W
C E N A M I O T Ó N U R O I L G
X Z L J G Ł U G R R E H G E Z N
P R Z Y G O D A A N M A I K K O
Q D S P K W Z N L A S M E D A Z
R A U B O A G W O B E A Ń C I N
N W L T T L B U I J L K V H N P
T O E A T Ł O I G E N A T U R A
U F P N N Ł Q W N G R T G V A N
P J A W Ł D Q D A A I Z Z I T I
A P K K O M P A S N T G Ą C A L
I E G C Z A C Y Ż Ę I S K T L M
J E Z I O R O J I X T E D G Ł T
H T Ł W E D R M A P A H H C T Z
```

PRZYGODA	POLOWANIE
GÓRA	MAPA
DRZEWA	KAJAK
LAS	KOMPAS
OGIEŃ	LATARNIA
KABINA	KSIĘŻYC
ZWIERZĄT	JEZIORO
HAMAK	NATURA
KAPELUSZ	NAMIOT
OWAD	LINA

14 - Algebra

```
D U G U W P R O B L E M T G Y Ł
I P Q F I V X F A Ł S Z Y W E X
A R T R Ó W N A N I E U W C V Q
G O F G H N E L L C S J N F Ł S
R Ś L R Y N O Z C Ń O K S E I N
A C G Z A M U S E R K Y W I W F
M I C S U K W X S R T W M N Y O
I Ć Z B Y C C I I O O A A K R
P L Y R G Z K J S B Q I T W Ł M
N P O P M Y X I A O Y N R O A U
D X P Ś B N C R I O Z I Y M D Ł
B K V J Ć N Ł L W W C L C J N A
Y P G G R I O Y A N C S A E I F
Z A M B F K O X N Z U O U D K T
R O Z W I Ą Z A N I E R Ł O T F
Z M I E N N A A E F U Z H X Y R
```

ODEJMOWANIE	MATRYCA
DIAGRAM	ZERO
WYKŁADNIK	NIESKOŃCZONY
CZYNNIK	ROZWIĄZANIE
FORMUŁA	PROBLEM
FRAKCJA	SUMA
WYKRES	FAŁSZYWE
NAWIAS	ZMIENNA
ILOŚĆ	UPROŚCIĆ
LINIOWY	RÓWNANIE

15 - Activiteiten

```
U N X L W K E M P I N G X M D E
R M A G O Y I A O Ł J P J A Z K
Z P I C G J P L W L I Q V G I Y
E O F E V R B O T F R B E I A R
M L A I J S O Ć C H Q N R A Ł E
I O R N C Ę W Ś I Z T E G F A L
O W G A I W T O N B Y I R V L A
S A O T H Ę S N D J R N Y P N K
Ł N T Ł Z D R M O Ł M A E D O S
A I O X A R A E R Ś Z T I K Ś T
D E F W G Ó K J G B Ć Y C I Ć S
V Y N C A W D Y O Q R Z Y U R E
V L K F D K Ę Z J D I C Z G A A
A A S E K I W R R P R H S O V U
N C P Q I T Ł P S Z T U K A J L
C E R A M I K A I N I D Z Ł V I
```

DZIAŁALNOŚĆ	CZYTANIE
RZEMIOSŁA	MAGIA
TANIEC	SZYCIE
FOTOGRAFIA	RELAKS
GRY	PRZYJEMNOŚĆ
WĘDKARSTWO	ZAGADKI
POLOWANIE	OGRODNICTWO
KEMPING	UMIEJĘTNOŚĆ
CERAMIKA	WYPOCZYNEK
SZTUKA	WĘDRÓWKI

16 - Vormen

```
Y A X H N R T T C O Ł O K Ł F Z
T R S I C Ł D J T Ą K O L E I W
S P Z P Q F U T B U Q R B W X F
W R E E P I R A M I D A Ą O U L
R Y Ś R K U L A C W G I Ł G K Q
B Z C B I Q O W J P T N K U Ł B
N M I O N R W Y K R V I A F N Y
P A A L Ż Z L Z L O I L M L K Q
W T N A O H F R P S T O C A Q Z
V T A Ł R Y W K X T A J W G L O
E A K V A Y H C H O G O P A E U
Y R E D N I L Y C K M V T I L H
K D Ż T Z R M X A Ą Y I U P O I
L A O Q V Z S Y I T Ą K J Ó R T
Z W T Q F D K R A W Ę D Z I E J
G K S Y N G U Y D F K S J Ł U X
```

KULA
ŁUK
CYLINDER
KOŁO
KRZYWA
TRÓJKĄT
NAROŻNIK
HIPERBOLA
BOK
STOŻEK

SZEŚCIAN
LINIA
OWAL
PIRAMIDA
PRYZMAT
KRAWĘDZIE
PROSTOKĄT
OKRĄGŁY
WIELOKĄT
KWADRAT

17 - Diplomatie

```
O K A M P A N I E Q V N A E Q S
R B K R O Z W I Ą Z A N I E R P
A A Y W S X A D A S A B M A E O
U M T W X S E M K T W P C Z Ł
C N E C A D T W B T Ł U V D O E
B S Q I G T J L N A X S G A L C
A T C M I S E R F C S A P R U Z
K Ł U G C D T L K K J A R O C N
Y O V Q S L Ł G E J A G D D J O
T Y N Z C I N A R G A Z I O A Ś
I E Y F F X R Z Ą D J B A X R Ć
L Z I H L D Y S K U S J A Y T R
O Ć Ś O W I C Z C U S H P T G N
P Q X Z Z C K T R A K T A T Y X
Ł Q I Y N R A T I N A M U H Y Y
W S P Ó Ł P R A C A J Ę Z Y K I
```

DORADCA	HUMANITARNY
AMBASADA	UCZCIWOŚĆ
AMBASADOR	ROZWIĄZANIE
ZAGRANICZNY	POLITYKA
OBYWATELE	RZĄD
KAMPANIE	REZOLUCJA
KONFLIKT	WSPÓŁPRACA
DYSKUSJA	JĘZYKI
ETYKA	TRAKTAT
SPOŁECZNOŚĆ	

18 - Astronomie

```
W L K M U I R O T A W R E S B O
W S R A K I E T A T G V T A S Q
C H Z S H U A T N P C L K T Y K
T A T E N A L P O K S E L E T L
Z Ł Z Y C O N O N W Ó R V L X B
K O T M O H K B Y C Y Ż Ę I S K
O M D Y U W Ś P A E K G A T B Z
M E C I X Q T W U F Y V T A R V
E T D P A I M E I Z O Q U Q T X
T E U Ł L K C G M A D Z A I W G
A O X S A J C A L E T S N O K W
J R A S T E R O I D A H O L E V
A S T R O N O M A G I S R U I E
V H M G Ł A W I C A Y K T U B W
G R A W I T A C J A N C S B R C
P R O R K O S M O S S D A R X D
```

ZIEMIA
ASTEROIDA
ASTRONAUTA
ASTRONOM
ZODIAK
RÓWNONOC
KOMETA
KOSMOS
KSIĘŻYC
METEOR

MGŁAWICA
OBSERWATORIUM
PLANETA
RAKIETA
SATELITA
GWIAZDA
KONSTELACJA
TELESKOP
WSZECHŚWIAT
GRAWITACJA

19 - Vakantie #2

```
F Q H T X R P H O B W L T C W C
W A K A C J E O E J Y O R R R U
K S P P B P Z T W C P T A T E D
Z E G A T Y R E I G O N N A Z Z
E Z Q M S N O L Z W C I S X E O
M J S B Y Z M P A Y Z S P I R Z
W N J Ł V C P T V R Y K O D W I
O Y X I I I G O B V N O R N A E
A S S X R N E O R E E N T J C M
W U Q P F A X Q Y T K P J I J I
P Y R P A R Q I P O D R Ó Ż E E
O H G E C G O V P I X P T P Ł C
C B J K V A C X A M X L W Ł E Z
I M W T T Z O Y B A W J U Q X F
Ą X P L A Ż A Q G N I P M E K L
G R E S T A U R A C J A F G L C
```

CUDZOZIEMIEC	RESTAURACJA
ZAGRANICZNY	PLAŻA
WYSPA	TAXI
HOTEL	NAMIOT
MAPA	POCIĄG
KEMPING	WAKACJE
LOTNISKO	TRANSPORT
PASZPORT	WIZA
PODRÓŻ	WYPOCZYNEK
REZERWACJE	MORZE

20 - Weersomstandigheden

```
G T A M I L K Q N H E S X W I T
R E C O D A N R O T F E T Y G E
Z M H N E C W T Ę C Z A B N V S
M P M S O Ł I Ł L M T J Q T W K
O E U U X Y A Z R U B E V O K Y
T R R N X P T Ł V H U R A G A N
Z A A U U C R L Ó D D D P L Ł L
A T L R P O L A R N Y E T I T A
T U Q O H Z R S Z B Z M B W B K
M R D I V H Y A D W S Ł P Q E I
O A U P Q P O W Ó D Ź U F H A P
S M G Ł A A U N P R O Z S P Ł O
F W F M O L M H N E B C N Z E R
E K Ł R Ł L N I E B O B S D A T
R A Y H Q T O Ł O L U X M C C L
A N Q L C R C S I O J H G I J E
```

ATMOSFERA
PIORUN
GRZMOT
SUSZA
NIEBO
LÓD
KLIMAT
MGŁA
MONSUN
HURAGAN

POWÓDŹ
POLARNY
TĘCZA
BURZA
TEMPERATURA
TORNADO
TROPIKALNY
WILGOTNY
WIATR
CHMURA

21 - Eten #2

```
N G R X B M R O D I M O P S Z V
Y Z Y B A F Y Ł U K O R B E A K
X B Ż O N Ł B N Z L A C E R N P
Z Z A E A T A X F R Y T L U A S
B G S K N T L E J O Ł A H Q N O
R U Z A Ł N K P A A P E C K A J
Z Z Y Z B A X Z L Q J Ł Ł W S O
O I N C K P Ż N P D G K V I O G
S J K R E I F A X Q I N O N N U
K J A U Y H U X N C R G M O N R
W T A K S Z P A R A G J I G F T
I R N B P S Z E N I C A G R B D
N Ł L J Ł Y Y F U H E Ł D O N Z
I W I K O K G A F F H X A N N E
A P Ł F Q U O Ł P T A U Ł O T W
Z Y U Z M S M X D P U N G L U C
```

MIGDAŁ
ANANAS
JABŁKO
SZPARAG
BAKŁAŻAN
BANAN
BROKUŁY
CHLEB
WINOGRONO
JAJKO

SZYNKA
SER
KURCZAK
KIWI
BRZOSKWINIA
RYŻ
PSZENICA
POMIDOR
RYBA
JOGURT

22 - Restaurant #1

```
D T M Z F S E R W E T K A B R G
E T D Z Y L Q F Y S L M J E Ś Ć
S R E Z E R W A C J A T U L A F
E O H Y A C A I S Q X Ł X H U Q
R H R F D H L G L O B S F C V A
G X I W E E X R S C S E K E T M
N Ó Ż B D E B E K A Z C R U K Z
P Q U P D Z Ł L Ł M U L T M Ż R
M I N P H R W A A E S D N M Y T
F V K O S C L L D N W I L I W F
D R X A N B G Q N U X J Ł Ę N U
S X X Z N Q F F I Z P K G S O G
I H A G K T R X K R S C L O Ś B
M B C S F A N L I M I S K A Ć Y
T A L E R Z W Y K U C H N I A I
K A S J E R M A K R E N L E K P
```

ALERGIA
TALERZ
CHLEB
JEŚĆ
SKŁADNIKI
KASJER
KUCHNIA
KURCZAK
KAWA
MISKA

MENU
NÓŻ
PIKANTNY
REZERWACJA
SOS
KELNERKA
SERWETKA
DESER
MIĘSO
ŻYWNOŚĆ

23 - Geologie

```
X  J  L  P  E  N  W  F  R  K  M  M  Ł  Z  W  G
Ć  Ś  O  Ł  A  I  N  E  I  M  A  K  S  T  V  E
P  P  Ż  Y  W  O  K  S  A  Ł  P  M  M  A  X  J
B  P  U  Ł  B  P  M  U  S  J  X  K  I  F  H  Z
E  V  L  A  W  A  W  T  S  R  A  W  O  E  Z  E
A  I  K  T  N  E  N  Y  T  N  O  K  N  R  Ń  R
E  R  O  Z  J  A  G  Ł  Ł  I  K  K  C  T  A  Z
A  M  K  S  U  P  M  R  Y  O  V  I  G  S  G  L
C  I  W  Y  I  G  D  V  O  W  U  L  K  A  N  C
Z  N  A  R  V  T  T  Z  Ł  T  D  C  C  W  Ł  N
W  E  S  K  N  J  M  I  O  Y  A  O  W  K  Ł  L
A  R  W  C  I  E  K  Ł  Y  H  O  R  S  W  D  J
P  A  L  R  L  Y  D  E  B  Q  V  V  B  X  Q  D
Ń  Ł  I  A  S  U  J  S  I  P  H  U  U  K  Ł  J
U  Y  X  W  Ó  S  T  A  L  A  K  T  Y  T  H  H
W  G  J  K  L  G  H  X  D  S  J  D  M  M  B  K
```

WAPŃ	WARSTWA
KONTYNENT	LAWA
EROZJA	MINERAŁY
SKAMIENIAŁOŚĆ	PŁASKOWYŻ
GEJZER	STALAKTYT
CIEKŁY	KAMIEŃ
GROTA	WULKAN
KORAL	STREFA
KRYSZTAŁY	SÓL
KWARC	KWAS

24 - Specerijen

```
K K K E N I M K C U Z E A O C E
O X E A K Y J A R Y Ł S S F E Q
P Q N K R O Q M E R N F E I B G
E N S D I D L S B R O A H E U N
R G O A B T A E Y U B I M T L N
W P Z R M W U M N C U L M O A A
Ł X C E I Z B A O D Z I O U N R
O Z I I T C R N P N R N S X T F
S S Y Z J L K Y P H P A W J G A
K Ó V O B L N Ż A F E W G X Ł Z
I L Ł K A Ł C M P E I K D O Ł S
H W H Y L T W K R F P H J W I D
U N E V A R G I Y D I R L T Y E
E K P G L Q N M K T S D L A A Q
K S U P L Q F Ł A Z X X B W B Ł
G O Ź D Z I K G O R Z K I V V X
```

ANYŻ	GOŹDZIK
GORZKI	PAPRYKA
KOZIERADKA	PIEPRZ
IMBIR	SZAFRAN
CYNAMON	SMAK
KARDAMON	CEBULA
CURRY	WANILIA
CZOSNEK	KOPER WŁOSKI
KMINEK	SŁODKIE
KOLENDRA	SÓL

25 - Groenten

```
V Z M G G R O C H C O Z C R A K
O G Ó R E K A T X P Z X I I U C
L O Ł I B X R E I S O O V K R M
R Z O D K I E W K A Q M S X Ł X
I C M Z J S E C Q K H A I N Y D
M E F A K Z S U R T E I P D E T
B B O L I W A N D O I I R Z O K
I U C S P D X U I L K F P I I R
R L Q U B D H Ł Y A K T A Ł A S
B A G T T Q W Ł Q Z A Q A Z S G
J U C R R Z E P A S Q K C A Z V
T X S U Z S E L E R X P F J P Z
Q N N X M Y B A K Ł A Ż A N I F
Y Ł U K O R B G Q W H J Z T N L
L H V L K P F A K W E H C R A M
M C Y Ł I U D J V L E Z Z V K J
```

KARCZOCH	DYNIA
BAKŁAŻAN	RZEPA
BROKUŁY	RZODKIEWKA
GROCH	SAŁATKA
IMBIR	SELER
CZOSNEK	SZALOTKA
OGÓREK	SZPINAK
OLIWA	POMIDOR
GRZYB	CEBULA
PIETRUSZKA	MARCHEWKA

26 - Archeologie

```
K O Ś C I Ś W I Ą T Y N I A R O
B A D A C Z G M A C M W O N E K
S K A M I E N I A Ł O Ś Ć G L Z
D B J Y J D J P L J G H D O I D
O A T N T Ł Ł Ó P S E Z X R K K
S C Ł A F A U J C O M L Q S T N
H A E I Q Y C Y Y J T E Ł O R M
F N W N M C E I W O B O R G J G
O T D M A W I M I Q U G M S D B
O Y O O D Z D X L J S L M E A E
B K W P Q B H U I K I N Y W K O
I H L A Y N A N Z E I N K Ł D B
E J M Z I Ł O G A Z I L A N A J
K J Ł L Q Y Ł Z C R A N C P G V
T R E P S K E I J L E C I T A A
Y Q Y T N E M G A R F O T W Z X
```

ANALIZA
CYWILIZACJA
WYNIKI
KOŚCI
EKSPERT
OCENA
SKAMIENIAŁOŚĆ
FRAGMENTY
GROBOWIEC
ZAGADKA

POTOMEK
OBIEKTY
NIEZNANY
BADACZ
ANTYK
RELIKT
ZESPÓŁ
ŚWIĄTYNIA
ERA
ZAPOMNIANY

27 - Dans

```
C I A Ł O M C K T V J M L A W K
T Z R K I A O L R E N T R A P Y
Ł H U Y S P C A A R E Z W Q J Y
K M T Y R A Y S D E A S K O K A
G V L N U J Ł Y Y S B D R K J W
W S U H W C J C C Z Ó Ł O F S F
K Y K R T O T Z Y T R T F S E G
U C R Z E M F N J U P Z D Y N J
L P K A Ł E Ł Y N K Z J E U M Y
T O Ł K Z I T J Y A G J F E D H
U Ł B Y A I F A R G O E R O H C
R Z U Z K I S W I Z U A L N Y U
A C B U B Ł G T P O S T A W A R
L F W M Q X L S Y D Y C V Ł J N
N K Y O J W S A K A D E M I A C
Y D B D R Ł E R J Z S A W S Q G
```

AKADEMIA	KLASYCZNY
RUCH	SZTUKA
RADOSNY	CIAŁO
CHOREOGRAFIA	MUZYKA
KULTURALNY	PARTNER
KULTURA	PRÓBA
EMOCJA	RYTM
WYRAZISTY	SKOK
ŁASKA	TRADYCYJNY
POSTAWA	WIZUALNY

28 - Ziekte

```
Z C N Z Y N Z C Y T E N E G A O
A H E I D X W M I C L J K H L D
P R U M F R K U N A R K O S E D
A O R G P O O O V W Ł P Ś X R E
L N O D Ł S T W Z X M O C E G C
E I P M I T A J I Ł H N I E I H
N C A Z T R Z H A E C R E S E O
I Z T L O Y N Z S U Z R B M A W
E N I U T O D P O R N O Ś Ć U Y
T Y A M T E Z A R A Ź L I W Y B
G B N M H K R Z E S P Ó Ł H Ł A
Q G K S F C M A O V T P O V C Ł
J T A H E D H N P P P S U Q W S
J G E C G L A Ł G I S E U D J H
B A K T E R Y J N Y A Ł L I W X
D Z I E D Z I C Z N Y J T O D X
```

OSTRY	ZDROWIE
ODDECHOWY	SERCE
ALERGIE	ODPORNOŚĆ
BAKTERYJNY	CIAŁO
ZARAŹLIWY	NEUROPATIA
KOŚCI	ZAPALENIE
BRZUSZNY	ZATOK
CHRONICZNY	ZESPÓŁ
DZIEDZICZNY	TERAPIA
GENETYCZNY	SŁABY

29 - Mythologie

```
Ś  K  M  Y  T  I  E  Y  M  K  S  E  C  E  S  L
Z  M  K  R  O  B  Q  R  A  W  R  P  V  B  X  O
A  Y  I  K  M  U  L  M  G  O  F  E  I  V  G  H
Z  W  J  E  Z  W  O  M  I  J  P  C  A  Ł  I  S
D  T  U  I  R  G  L  M  C  O  I  Z  R  C  G  R
R  B  P  X  G  T  E  E  Z  W  O  E  U  W  J  W
O  R  B  D  O  B  E  I  N  N  R  M  T  B  E  A
Ś  K  Ł  K  U  O  C  L  Y  I  U  S  L  Q  U  A
Ć  B  O  H  A  T  E  R  N  K  N  T  U  S  P  R
L  E  G  E  N  D  A  J  P  Y  R  A  K  Z  F  C
N  T  C  I  K  S  T  W  O  R  Z  E  N  I  E  H
B  O  H  A  T  E  R  K  A  J  N  C  X  J  B  E
Z  A  C  H  O  W  A  N  I  E  W  H  A  Ł  Ł  T
K  A  T  A  S  T  R  O  F  A  T  S  D  Ł  P  Y
L  A  B  I  R  Y  N  T  P  K  L  Y  C  Y  X  P
O  R  R  F  K  F  P  Q  P  O  T  W  Ó  R  N  X
```

ARCHETYP	ZAZDROŚĆ
PIORUN	SIŁA
KREACJA	WOJOWNIK
KULTURA	LEGENDA
GRZMOT	MAGICZNY
LABIRYNT	POTWÓR
ZACHOWANIE	KATASTROFA
BOHATER	ŚMIERTELNY
BOHATERKA	STWORZENIE
NIEBO	ZEMSTA

30 - Eten #1

```
Ł I Q C E Y N O M A N Y C T L V
C Z O S N E K K H I C Y Z R S G
T Ł V A N J S V V U Ę U N U Z K
C N O C U U Ł V S O K S M S P S
A U N I Z Q E C B J E Ł O K I Ó
Q H K Y Z C Ń U T R I J P A N L
L E G I L A A N Y R T Y C W A Ł
B I E V E A K T A Ł A S Y K K H
D U C I Z R W G Q J I K R A I N
B I M S K R E B L W O K Z K S F
C A L D I E H X S M K H U Z X J
T L Z W J Ę C Z M I E Ń P S F B
Z U Ł Y V E R J F M L X A U D U
Ł B H H L N A C Ł Y M L Y R S J
G E F R Ł I M M O R E L A G U Ł
K C K N U Q A A R A C H I D C F
```

TRUSKAWKA	SAŁATKA
MORELA	SOK
BAZYLIA	ZUPA
CYTRYNA	SZPINAK
JĘCZMIEŃ	CUKIER
CYNAMON	TUŃCZYK
CZOSNEK	CEBULA
MLEKO	MIĘSO
GRUSZKA	MARCHEWKA
ARACHID	SÓL

31 - Restaurant #2

```
Z O E G I E U H O K O Ł E U K X
A T J H L T G C P B R M F Y Ł E
O S S D M P E E T J I Z A N X Z
Y A K W A T S Y Z R P A E Z G P
W I D E L E C O W O U J D S A K
A C W A R Z Y W A S H A V Y Ł G
R N A T P F L I F Ó F J T P Y O
P R N K B Z U P A L Z Ł U Q U V
Y M A Y I V Q U U K Ł B E A Ł S
Z F P B I A V S R N T O R H Y R
R N Ó G K E L N E R P A U U Ż Y
P M J W O D A L Ó D S M Ł M K B
Z D Z S D T C I G X A C C A A A
I Y S W X L M A K A R O N L S E
C B J J J R C V V H A X B R F Y
C I E Z G H K M K U E B L I G M
```

CIASTO
OBIAD
NAPÓJ
JAJA
OWOC
WARZYWA
PYSZNY
LÓD
ŁYŻKA
MAKARON

KELNER
SAŁATKA
ZUPA
PRZYPRAWY
KRZESŁO
RYBA
PRZYSTAWKA
WIDELEC
WODA
SÓL

32 - De Media

```
K O M U N I K A C J A J M W G S
G A Z E T Y Z L Y W O R F Y C I
K E C N P U B L I C Z N Y D M E
O D Z L Q F Y K B G Y T K A F Ć
M U A A X I N O P I N I A N J P
E K S U Y N L A K O L E Z I R C
R A O D T A A J Z I W E L E T F
C C P I E N U Ł A D X N R O R U
Y J I W E S T R B A P I C Q T T
J A S Y F O K F E R H L F P A K
N B M D W W E E K K O N E G Z A
E I A N I A L E H X L O B G X H
W W S I T N E K V D O A F R L B
Y Ł B Z P I T C S N V L M O O T
K M R H W E N A E J Z H C Y B A
E E O D R X I P R Z E M Y S Ł F
```

REKLAMY
KOMERCYJNE
KOMUNIKACJA
CYFROWY
WYDANIE
FAKTY
FINANSOWANIE
INDYWIDUALNE
PRZEMYSŁ
INTELEKTUALNY

GAZETY
LOKALNY
OPINIA
SIEĆ
EDUKACJA
ONLINE
PUBLICZNY
RADIO
TELEWIZJA
CZASOPISMA

33 - Bijen

```
N  I  O  O  T  M  H  N  U  A  X  W  J  E  L  E
O  K  Ł  O  P  L  I  J  C  B  H  W  N  K  L  S
I  R  U  O  W  O  C  Ó  G  Y  E  C  Ń  O  Ł  S
Y  Ó  B  S  Ł  Z  W  R  D  S  Y  V  H  S  I  K
A  L  H  N  C  O  D  T  Ó  C  T  N  U  Y  G  O
Ł  O  C  Y  U  P  P  D  R  I  M  Z  B  S  P  R
D  W  C  O  G  N  X  O  G  Z  K  Y  T  T  Y  Z
Y  A  T  T  P  M  P  X  O  O  W  A  D  E  Ł  Y
Z  C  A  L  Y  P  A  Z  R  Ł  V  Ł  X  M  E  S
R  Ó  Ż  N  O  R  O  D  N  O  Ś  Ć  T  A  K  T
K  W  I  A  T  Y  K  W  I  T  N  Ą  Ć  U  L  N
S  S  Ż  Y  W  N  O  Ś  Ć  L  Q  N  L  J  P  Y
T  L  O  K  S  I  L  D  E  I  S  S  T  X  I  S
C  H  N  W  E  U  S  Ł  D  W  Ł  D  A  O  H  J
O  Z  Q  A  I  M  Z  R  D  B  M  W  Y  M  Z  V
C  O  F  G  U  Q  T  P  M  P  A  S  U  L  I  T
```

ZAPYLACZ	KRÓLOWA
UL	DYM
KWIATY	PYŁEK
KWITNĄĆ	OGRÓD
RÓŻNORODNOŚĆ	SKRZYDŁA
EKOSYSTEM	ŻYWNOŚĆ
OWOC	KORZYSTNY
SIEDLISKO	WOSK
MIÓD	SŁOŃCE
OWAD	RÓJ

34 - Wandelen

```
J  G  Y  C  T  A  J  J  S  C  K  O  Z  H  Z  P
L  G  R  T  B  Ł  V  B  Z  I  A  X  M  G  A  A
Z  D  A  P  A  M  K  Q  C  Ę  M  Y  Ę  Y  G  R
M  Q  M  G  O  M  L  T  Z  Ż  I  Z  C  D  R  K
S  Ł  O  Ń  C  E  I  U  Y  K  E  T  Z  F  O  I
I  P  K  O  Ł  C  F  L  T  I  N  N  O  S  Ż  Z
Y  G  C  U  N  G  O  V  K  H  I  E  N  P  E  W
B  U  T  Y  G  Y  K  D  N  Ł  E  I  Y  S  N  I
Ł  F  O  F  N  Z  T  T  W  D  Z  I  K  I  I  E
P  R  Z  Y  G  O  T  O  W  A  N  I  E  U  A  R
B  S  G  L  C  N  G  E  G  Ł  X  Ł  G  Ł  N  Z
K  H  B  T  O  Q  I  Ó  R  Z  Ł  A  I  Q  A  Ą
I  B  P  W  O  Y  W  P  R  F  W  N  I  H  T  T
V  O  L  V  S  I  L  Q  M  A  W  O  D  A  U  A
D  R  G  I  W  U  B  I  T  E  S  S  C  S  R  A
O  R  I  E  N  T  A  C  J  A  K  U  X  H  A  Q
```

GÓRA
ZWIERZĄT
ZAGROŻENIA
MAPA
KEMPING
KLIF
KLIMAT
BUTY
ZMĘCZONY
KOMARY

NATURA
ORIENTACJA
PARKI
KAMIENIE
SZCZYT
PRZYGOTOWANIE
WODA
DZIKI
SŁOŃCE
CIĘŻKI

35 - Ecologie

```
W O L O N T A R I U S Z E M S N
C Y N O Ż A W O N W Ó R Z O U A
W W Ć Ś O N D O R O N Ż Ó R S T
C O M T G A T U N E K K R S Z U
Q T F A U N A C E U F A W K A R
S A N A I M D O P F R Q S I E A
C I C Ś O N Z C E Ł O P S P U H
N W E I N A W R T E Z R P H X I
A Ś C D Q C W Ł C R P C Q K Ł J
T A M I L K V K X F F D V Y W K
U I M A N I B A G N O H V N Z J
R F Y S W N S Z V D B T K I S N
A X L Q L U Y K M Ł G X V L H X
L P Ł O F A Ć Ś O N N I L Ś O R
N C X B R S E W L U C W X O E X
Y R Ó G I A L Y P M M L Ł R M S
```

GÓRY	MORSKI
RÓŻNORODNOŚĆ	BAGNO
SUSZA	NATURA
ZRÓWNOWAŻONY	NATURALNY
FAUNA	PRZETRWANIE
FLORA	ROŚLINY
SPOŁECZNOŚCI	GATUNEK
ŚWIATOWY	ODMIANA
SIEDLISKO	ROŚLINNOŚĆ
KLIMAT	WOLONTARIUSZE

36 - Biologie

```
E W O L U C J A M P S E N Z Y M
I K O M Ó R K A U S Y N W L T Q
N Z C U H Y N Z T X M K U G D B
A C E L I N E O A D B B W W X L
H O F F U I R M C C I H M Q C S
C G A D S Y W S J P O P S X J K
Y R Z S N S O O A L Z P W E K N
D Q E R E B X X J L A Q V Q F F
D X T Z U I I N A T U R A L N Y
O H N Z R L Q A A N A T O M I A
U O Y A O C Y S Ł K O L A G E N
F R S R N G U P U K E M W Y R T
K M O O P Ł G A Ł V O S X T T F
L O T D C S D N Z C S C S G Z O
W N O E A W C Y H A U T S A N R
M M F K S M O S O M O R H C K M
```

ODDYCHANIE
ANATOMIA
KOMÓRKA
CHROMOSOM
KOLAGEN
BIAŁKO
ZARODEK
ENZYM
EWOLUCJA
FOTOSYNTEZA

HORMON
MUTACJA
NATURALNY
NEURON
OSMOZA
GAD
SYMBIOZA
SYNAPSA
NERW
SSAK

37 - Landen #1

```
B O N A I N A P Z S I H K U A K
J R K O Ł K L B L E S A W T O Ł
A Ł A C R I R A K N C Ż K Y Ł A
P T I Z F W A J Y E H D S P Q F
U Ł G I Y R E Z I G I O E O R D
I I L C Y L Z G Ł A L B O L O Y
U Z E V Y A I B I L E M T S Q G
R K B W G W N A M A N A P K W O
P U N I K A R A G U A K E A S Z
T Y M C Z F V M A R O K O O S I
W B S U Y F T N I Z R A E L V H
F J Z R N Ł I I K A N A D A U P
J J U T P I G E G H I E C A W S
L B L V M Z A M W Ł O C H Y H H
S I H H T W C C S G C C G S U T
V I C I K R M Y I S Ł D H I W J
```

BELGIA	ŁOTWA
BRAZYLIA	LIBIA
KAMBODŻA	MAROKO
KANADA	NIKARAGUA
CHILE	NORWEGIA
NIEMCY	PANAMA
EGIPT	POLSKA
IRAK	RUMUNIA
IZRAEL	SENEGAL
WŁOCHY	HISZPANIA

38 - Installaties

```
E U J R L K X R E O Ł D Ó R Ź O
S V P Y U O P R O N W V L O B A
G R M Ł U Q I G M F A X Ć Ś I L
P O Z V U B A H Ł J H V K L S O
N O M I S I S M S Ł Z W Q I U S
U G L I O B K A K T U S S N T A
S H F A S Ł L C C R L Z F N W F
D R Z E W O O U K R Z A K O S I
S R W B J N K N S U B M N Ś L K
F A K I N A T O B Z H A X Ć E E
F D X C U W N E U T C U M M A H
L O Z Ś D Ó R G O R E Z T B Z Ł
O G C I K Z M I F A M L N H U C
R A N L O M H P S W X N Y R L S
A J F I I P L K T A I W K F A A
R Q H B L S J X F N D U I R G L
```

BAMBUS
JAGODA
LIŚĆ
KWIAT
DRZEWO
FASOLA
LAS
KAKTUS
FLORA
LIŚCI

TRAWA
BLUSZCZ
ZIOŁO
NAWÓZ
MECH
BOTANIKA
KRZAK
OGRÓD
ROŚLINNOŚĆ
ŹRÓDŁO

39 - Agronomie

```
O  J  X  X  A  D  P  E  A  V  N  C  F  D  N  W
R  U  I  N  A  B  E  F  K  H  O  Y  D  Ł  A  X
G  V  I  U  D  A  M  Ć  Ś  O  N  W  Y  Ż  S  S
A  D  W  A  A  J  I  X  F  W  L  I  Y  H  I  G
N  N  O  W  T  C  I  N  L  O  R  O  P  L  O  Ś
I  O  D  E  W  K  T  Z  N  N  Z  Y  G  V  N  R
C  V  A  R  Z  U  L  L  W  A  A  S  O  I  A  O
Z  Q  X  O  R  D  I  P  A  D  W  U  L  L  A  D
N  I  A  Z  O  O  N  V  R  R  T  Ó  K  V  K  O
Y  K  K  J  S  R  Z  O  Z  Ł  D  H  Z  A  P  W
B  S  T  A  T  P  V  Y  Y  M  E  T  S  Y  S  I
O  J  M  Y  N  O  Ż  A  W  O  N  W  Ó  R  Z  S
R  E  N  E  R  G  I  A  A  I  N  A  D  A  B  K
O  I  I  D  E  N  T  Y  F  I  K  A  C  J  A  O
H  W  Z  Y  E  P  T  F  X  S  H  Z  Q  S  W  W
C  S  O  A  L  L  B  V  Z  U  M  Q  Y  D  L  U
```

ZRÓWNOWAŻONY
EKOLOGIA
ENERGIA
EROZJA
WZROST
WARZYWA
IDENTYFIKACJA
ROLNICTWO
WIEJSKI
NAWÓZ

ŚRODOWISKO
BADANIA
ORGANICZNY
PRODUKCJA
SYSTEMY
ŻYWNOŚĆ
WODA
NAUKA
NASIONA
CHOROBY

40 - Oceaan

```
C  T  D  Y  Y  G  E  X  X  Y  X  E  D  W  O  R
I  I  I  N  J  C  K  S  A  K  P  S  B  Q  Z  Y
P  Ł  Ź  U  F  O  O  F  P  G  Ł  M  P  Z  R  B
M  E  D  U  Z  A  C  I  N  R  O  I  M  Ś  O  A
K  W  Ó  W  I  E  L  O  R  Y  B  P  D  R  G  S
O  R  Ł  T  Y  J  Z  X  Ł  M  P  Ł  E  E  Ę  Ó
S  K  R  E  W  E  T  K  A  K  R  Y  L  K  W  L
T  Y  L  Z  J  Ł  E  O  J  W  Z  W  F  I  R  C
R  Z  Ł  R  B  E  Ó  P  Y  T  Q  Y  I  N  F  G
Y  C  G  V  X  T  Y  Ż  B  Y  Y  X  N  N  U  K
G  Ń  R  B  Z  H  R  I  Q  C  U  V  H  A  E  I
A  U  G  L  O  N  Y  X  R  T  O  R  G  S  F  Z
L  T  A  B  A  R  K  O  Y  R  L  V  I  O  B  F
V  V  O  W  A  R  A  R  D  E  Y  G  L  H  N  T
U  Ł  Z  Y  Y  K  O  F  U  Y  Y  F  Y  O  P  E
K  H  B  U  R  Z  A  K  A  Q  G  Ą  B  K  A  C
```

WĘGORZ	OŚMIORNICA
GLONY	OSTRYGA
ŁÓDŹ	RAFA
DELFIN	ŻÓŁW
KREWETKA	GĄBKA
PŁYWY	BURZA
REKIN	TUŃCZYK
KORAL	RYBA
KRAB	WIELORYB
MEDUZA	SÓL

41 - Landen #2

```
C Y X V W C O L A J C N A R F A
K N B F N F P Z I B I I I J T Z
K Z L G L L J P R D N G N J M B
Y X T I Y I U W Y A D E O S R P
S W R C J Z A A S N O R P V M Z
V O M A L E Z J A I N I A C Ł T
B C M G O M H N I A E A J X C Z
J W U A B L V N N V Z I L D R Q
L P Y N L X A K E Ł J D U O Q D
I Y Y I G I P O K P A N A B I L
B G V A S O A M S Ł A A B Ł B D
E G D R U G A N D A J L P M P D
R P F K R O S J A X C R V O L D
I S Ł U I W R E X F E I E P N O
A M E K S Y K B P Y R F F H U Y
E T I O P I A W C O G U E F J T
```

DANIA
ETIOPIA
FRANCJA
GRECJA
IRLANDIA
INDONEZJA
JAPONIA
KENIA
LAOS
LIBAN

LIBERIA
MALEZJA
MEKSYK
NEPAL
NIGERIA
UGANDA
UKRAINA
ROSJA
SOMALIA
SYRIA

42 - Bloemen

```
J  S  R  G  A  R  D  E  N  I  A  I  X  L  O  H
G  Ł  E  Ó  J  H  M  V  X  C  G  M  Q  I  R  U
M  O  W  N  Ż  X  U  A  X  L  Y  Ł  J  L  C  I
C  N  O  I  Z  A  W  K  G  G  G  U  B  I  H  E
K  E  L  C  Q  D  O  T  E  N  Ł  J  B  O  I  K
B  C  F  U  A  N  E  O  I  A  O  R  S  W  D  K
U  Z  N  X  X  E  X  R  R  P  P  L  S  Y  E  O
K  N  O  M  G  W  B  K  L  I  I  F  I  K  A  N
I  I  I  E  F  A  A  O  C  L  W  G  B  A  H  I
E  K  S  B  Z  L  S  T  O  U  O  C  V  I  I  C
T  S  S  I  I  G  S  M  T  N  P  U  R  B  Z
U  P  A  S  G  K  M  A  K  B  I  C  R  E  I  Y
L  A  P  V  J  N  U  Y  G  Z  A  H  Z  M  S  N
T  H  O  M  T  O  P  Ł  A  T  E  K  Z  U  K  A
L  I  L  I  A  Ż  J  A  Ś  M  I  N  X  L  U  K
G  V  E  X  C  Q  Z  K  G  Z  J  H  E  P  S  M
```

PŁATEK	MAGNOLIA
BUKIET	ŻONKIL
GARDENIA	ORCHIDEA
HIBISKUS	MAK
JAŚMIN	PASSIONFLOWER
KONICZYNA	PIWONIA
LAWENDA	PLUMERIA
LILIA	RÓŻA
LILIOWY	TULIPAN
STOKROTKA	SŁONECZNIK

43 - Landschappen

```
P G P R I H H O O N G A B Q M T
U E Ó N S L S W C E I W O D O L
S J Ł P L A Ż A E Z R O M S J E
T Z W Q J P R K A I N I K S A J
Y E Y H E S Z Z N R A U S W W S
N R S O Z Y L G E C Ó T H Z O S
I S E A I W C H G K T G F G D O
A T P Z O M Q P L N A G R Ó O Ł
C U U A R J B L A U D Z L R L U
R L T N O F M H F W V B H Z A Ł
X D Z I D A P S O D O W W E R R
M E J L J R K D M Y Y T U J Ó S
P F G O B O A J O Z H I L D G M
P H S D G B S X Y A T M K Y Ł K
G R F Q A H Q N L Ł O Z A Q I U
D B O K G G C G X V I Y N Ł G F
```

GÓRA
WYSPA
GEJZER
LODOWIEC
JASKINIA
WZGÓRZE
GÓRA LODOWA
JEZIORO
BAGNO
OAZA

OCEAN
RZEKA
PÓŁWYSEP
PLAŻA
TUNDRA
DOLINA
WULKAN
WODOSPAD
PUSTYNIA
MORZE

44 - Tuin

```
Y Z F D Q M Y T S A W H C T G S
Ł Ł T A U N K R J M P G X R R L
A N I L O P M A R T W Ą Ż A A Q
K D O C U B X W Z Y F J T W B K
S V G S A Ł C A Ł R R I Q N I Z
Q Q R G A R A Ż U O K Z O I E X
L X Ó Ł A W K A K F P G Y K E H
O P D Ł N U E J E O I A C V J A
W S T Z E J E S Q W O V T O P M
G H U B C D A W T E O B A A V A
N U U Z Y F M U L Z W E I S J K
V V A A G D P T A R A S W J F O
S I T S S C F N D D O Q K Z I I
T C L T W I N O R O Ś L S G T C
L F P A L F R D D C A O O A I P
G L X W O G R O D Z E N I E D I
```

ŁAWKA	CHWASTY
KWIAT	SKAŁY
DRZEWO	ŁOPATA
SAD	WĄŻ
GARAŻ	KRZAK
TRAWNIK	TARAS
TRAWA	TRAMPOLINA
HAMAK	OGRÓD
GRABIE	STAW
OGRODZENIE	WINOROŚL

45 - Beroepen #2

```
I  M  A  L  A  R  Z  R  A  K  E  L  B  G  N  F
P  N  O  G  R  O  D  N  I  K  G  G  I  L  D  A
N  V  Ż  A  U  A  D  J  X  W  P  B  B  F  X  W
F  W  W  Y  T  K  E  T  E  D  F  Ł  L  G  D  J
A  C  W  A  N  Z  O  K  Y  Z  Ę  J  I  F  A  Z
R  Z  R  A  K  I  N  N  E  I  Z  D  O  Z  F  H
G  O  L  O  I  B  E  L  K  Q  C  R  T  D  A  Z
O  D  J  J  O  D  D  R  W  X  H  O  E  E  S  P
T  X  T  Y  C  L  N  D  I  R  I  L  K  N  T  I
O  S  Ł  T  Z  K  V  L  Ł  K  R  N  A  T  R  L
F  A  X  Z  X  C  K  F  S  Z  U  I  R  Y  O  O
I  L  U  S  T  R  A  T  O  R  R  K  Z  S  N  T
S  M  F  V  Y  T  T  D  Ł  L  G  R  M  T  A  L
K  Q  H  A  C  Z  A  L  A  N  Y  W  Z  A  U  U
F  I  L  O  Z  O  F  O  T  B  A  O  U  D  T  Y
N  A  U  C  Z  Y  C  I  E  L  B  X  Q  I  A  S
```

LEKARZ	INŻYNIER
ASTRONAUTA	DZIENNIKARZ
BIBLIOTEKARZ	NAUCZYCIEL
BIOLOG	JĘZYKOZNAWCA
ROLNIK	BADACZ
CHIRURG	PILOT
DETEKTYW	MALARZ
FILOZOF	DENTYSTA
FOTOGRAF	OGRODNIK
ILUSTRATOR	WYNALAZCA

46 - Dagen en Maanden

```
T D C Ł P X I I I N L Z X G Y W
J Y V G T O I C N W B E W Y Z R
K A D O R Ś N D Ł A X D H Z N Z
X A A Z G K W I K B I U Y Q Y E
W I P R I C M C E I W R E Z C S
D V O M W E K Ą R D Ł C N S E I
K E T Ą I P Ń I O D Z U Z R I E
A I S Z A Q W S T W W I Z A P Ń
L K I L U T Y E W Ł U S A M I J
E C L S X W B I D P L O G Ł L W
N U Q Z P P Q M U W L B O J E Y
D N I E D Z I E L A V O Y S D K
A C Z W A R T E K D D T G C Ł O
R N N A Q Z E C U N T A R T P R
Z P A Ź D Z I E R N I K K L J N
S I E R P I E Ń E Z C Y T S L B
```

SIERPIEŃ   PONIEDZIAŁEK
WTOREK   MARSZ
CZWARTEK   LISTOPAD
LUTY   PAŹDZIERNIK
ROK   WRZESIEŃ
STYCZEŃ   PIĄTEK
LIPIEC   TYDZIEŃ
CZERWIEC   ŚRODA
KALENDARZ   SOBOTA
MIESIĄC   NIEDZIELA

47 - Beeldende Kunsten

```
T  A  A  J  C  Y  Z  O  P  M  O  K  B  F  J  B
W  Ł  D  D  Y  O  W  T  E  R  T  R  O  P  N  K
U  S  J  X  A  I  F  A  R  G  O  T  O  F  F  U
G  K  T  S  S  C  D  K  S  O  W  M  T  F  Y  G
A  C  M  V  P  K  U  H  P  K  T  G  L  I  N  A
R  K  E  Q  A  X  N  X  E  L  S  L  Y  I  Z  E
N  R  S  R  V  O  Y  G  K  Y  R  A  J  E  F  K
C  E  C  Ł  A  T  S  Y  T  R  A  K  N  M  Y  O
A  A  K  Z  K  M  E  R  Y  K  L  I  K  L  Q  Ł
R  T  S  R  V  N  I  V  W  H  A  E  Q  C  E  Ó
S  Y  P  Q  E  R  A  K  A  G  M  R  W  S  V  W
T  W  D  B  I  D  I  D  A  R  Z  E  Ź  B  A  E
W  N  N  W  I  C  A  D  Ł  U  G  O  P  I  S  K
O  O  G  Q  Q  T  A  R  C  Y  D  Z  I  E  Ł  O
W  Ś  A  R  C  H  I  T  E  K  T  U  R  A  E  B
A  Ć  S  Z  T  A  L  U  G  A  W  P  K  G  C  J
```

GARNCARSTWO	KREDA
ARCHITEKTURA	ARCYDZIEŁO
ARTYSTA	DŁUGOPIS
RZEŹBA	PERSPEKTYWA
KREATYWNOŚĆ	PORTRET
SZTALUGA	OŁÓWEK
FILM	KOMPOZYCJA
FOTOGRAFIA	MALARSTWO
CERAMIKA	LAKIER
GLINA	WOSK

48 - Mode

```
C J D T E N D E N C J A P M Q N
W B R N I E D R O G I E Z M L A
Ł I O S T R Z X E T K A N I A A
W T G O Y C M Q Z K R T Q Q I J
N Y I K C N A G E L E U M P F I
O N G H F I K S I C Y Z R P Q W
W M K O H Ł G H A R U T S K E T
O O O L D A B U T I K F S L Z P
C R R A Y N Z C Y T K A R P G S
Z K O D J I Y L Ł X V H V O Ł K
E S N Ł P G G O D O E Ł L M Y X
S Ł K R B Y T Q Z T B F O I A C
N G I K I R D R L C F A W A C B
Y N K Ł U O X J J L P C P R C A
W Z Ó R S O J M O K D Z X Y D X
P R O S T Y X N O D Z I E Ż H V
```

POMIARY
SKROMNY
NIEDROGIE
HAFT
WYGODNY
DROGI
PROSTY
ELEGANCKI
KORONKI
ODZIEŻ

PRZYCISKI
NOWOCZESNY
ORYGINAŁ
WZÓR
PRAKTYCZNY
STYL
TKANINA
TEKSTURA
TENDENCJA
BUTIK

49 - Tuinieren

```
J  U  L  C  Ł  O  W  L  G  B  K  L  O  S  X  X
P  A  D  O  W  V  I  O  A  X  W  G  T  L  W  G
Q  N  D  J  R  A  L  I  T  R  I  Q  L  T  R  Ł
Y  O  G  A  Y  B  G  I  U  E  T  Ł  K  E  J  U
Z  I  P  D  L  Y  O  Ł  N  T  N  A  Ł  R  B  Z
Ł  S  W  A  T  N  Ć  Y  E  Ż  Ą  G  Q  W  E  A
I  A  B  K  I  W  Y  N  K  Ą  Ć  Ś  I  L  A  J
C  N  B  J  Q  U  Z  K  W  I  A  T  O  W  Y
K  E  J  P  C  J  J  C  X  C  P  B  Z  C  V  Z
S  E  Z  O  L  Y  F  Y  W  O  N  O  Z  E  S  N
B  A  K  L  I  M  A  T  S  O  P  M  O  K  A  G
U  V  D  U  C  J  H  O  P  O  J  E  M  N  I  K
K  Y  E  M  Ś  Y  N  Z  C  I  N  A  T  O  B  K
I  W  K  J  I  K  N  G  L  X  D  H  M  S  O  T
E  D  Ł  Ł  L  H  A  E  Ł  G  W  L  X  I  L  P
T  P  B  V  Z  O  A  B  R  U  D  D  M  P  Ł  A
```

LIŚĆ	EGZOTYCZNY
KWIATOWY	LIŚCI
KWITNĄĆ	KLIMAT
GLEBA	SEZONOWY
BUKIET	WĄŻ
SAD	GATUNEK
BOTANICZNY	WILGOĆ
KOMPOST	BRUD
POJEMNIK	WODA
JADALNY	NASIONA

50 - Menselijk Lichaam

```
K  Ł  E  Z  U  Z  P  M  E  A  S  G  G  H  E  Y
O  O  H  C  U  A  G  O  N  G  W  E  R  K  M  K
S  K  Y  Z  Ę  J  K  R  D  R  I  A  R  Ó  K  S
T  I  A  K  V  Y  N  J  B  B  H  Q  B  C  K  S
K  E  I  G  K  S  Ę  I  M  A  R  T  X  D  E  Z
A  Ć  M  M  T  F  G  W  B  T  M  Ó  P  E  L  Y
K  E  D  Ą  Ł  O  Ż  H  Ł  S  U  T  D  C  M  J
O  S  E  M  E  R  L  Y  R  U  L  B  A  E  A  A
L  B  Q  M  J  U  M  K  Ł  A  C  O  F  L  K  K
A  W  O  Ł  G  K  V  F  P  E  S  I  S  A  Ę  Ę
N  R  C  Z  Z  U  L  N  S  G  L  Y  Z  P  R  Z
O  T  B  C  Ó  D  C  Z  G  G  P  F  T  G  Q  C
O  C  I  M  M  Y  U  K  V  A  A  N  T  N  F  Z
T  Y  R  H  F  X  G  G  W  A  H  X  O  K  M  S
J  I  Y  U  X  D  Ł  G  Y  A  L  U  P  S  M  I
C  T  Q  H  Y  P  H  X  T  V  W  D  P  W  M  K
```

NOGA	PODBRÓDEK
KREW	KOLANO
ŁOKIEĆ	ŻOŁĄDEK
KOSTKA	USTA
RĘKA	SZYJA
SERCE	NOS
MÓZG	UCHO
GŁOWA	RAMIĘ
SKÓRA	JĘZYK
SZCZĘKA	PALEC

51 - Energie

```
Z V B K D C O T Y J V A W V W F
E V X P Ł I V U B V F Ł I I O O
O L B O Z E Z R B A O S A E D T
D E E W U P T B C A M Y T Ł Ó O
N S I K Q Ł L I U G T M R O R N
A E K Z T O A N Y Z N E B K A E
W I C Q H R N A Z E E Z R S P N
I D J A Y W O R D Ą J R Y I W T
A W Ę G I E L N R W H P X W A R
L P E L E K T R Y C Z N Y O W O
N L A B Q Z I M W S H F C D V P
E N N L Y U X N M N H I Q O D I
N J C K I N L I S H U T G R A A
O I N T Y W O R A P Ł I P Ś C Ł
Y N C E C Ń O Ł S F G W J D J S
M P Y F A H J H L Q F F Ł M M Y
```

BATERIA   WĘGIEL
BENZYNA   SILNIK
PALIWO   JĄDROWY
DIESEL   ŚRODOWISKO
ELEKTRYCZNY   PAROWY
ELEKTRON   TURBINA
ENTROPIA   CIEPŁO
FOTON   WODÓR
ODNAWIALNE   WIATR
PRZEMYSŁ   SŁOŃCE

52 - Familie

```
X  B  V  D  H  T  M  O  J  C  I  E  C  S  S  M
A  M  R  Z  L  K  J  Ą  N  N  E  P  Y  I  I  E
F  N  A  I  Z  E  G  X  Ż  Z  G  U  B  O  O  I
L  E  T  E  H  D  V  K  H  U  U  Ł  Ł  S  S  W
Ł  O  J  C  J  O  Z  J  Ł  O  R  U  H  T  T  D
A  X  G  I  B  Z  N  I  G  H  Q  K  F  R  R  Z
Y  D  Ł  Ł  T  R  Z  N  A  K  R  Ó  C  A  Z  I
Q  S  Y  Q  Ł  P  Y  T  X  D  H  S  I  L  E  E
K  G  Ł  C  I  O  T  K  A  E  E  P  N  W  N  C
B  A  B  C  I  A  K  Ż  O  N  A  K  N  I  I  K
K  M  A  T  K  A  T  Ę  I  N  Ź  I  L  B  C  O
B  R  A  T  U  E  O  J  C  O  W  S  K  I  A  X
J  F  K  X  N  A  J  I  B  N  H  Q  M  V  Z  J
X  O  J  H  W  P  Q  U  Y  B  V  M  R  Y  B  X
X  B  V  H  N  B  Z  K  W  E  W  F  B  J  F  M
P  I  Ł  O  S  O  B  R  A  T  A  N  E  K  E  P
```

BRAT
CÓRKA
BABCIA
DZIECKO
DZIECI
WNUK
MĄŻ
MATKA
BRATANEK
SIOSTRZENICA

WUJEK
DZIADEK
CIOTKA
BLIŹNIĘTA
OJCIEC
OJCOWSKI
PRZODEK
ŻONA
SIOSTRA

53 - Gebouwen

```
M U I R O T A W R E S B O S X M
Y Ł S D N L D M F G Y L E T O H
J A M N I E H U B P S D G A L W
N Z A X K B A E V A S V B D A I
D S O H D C T Z L M S J E I B E
S T O D O Ł A U M O R A A O O Ż
L A T I P Z S M S D X N D N R A
P J O N K N K Q E Y E I F A A R
U N I W E R S Y T E T B A L T F
Q N M P M M S Z K O Ł A B J O U
Y Ż A R A G A O F S L K R J R Ł
N Ł N A Z A F T U S F A Y A I D
Ł I C Y W Q I Y R X P E K C U W
T E A T R Q R R J A F B A P M B
S Y D Ł H N F S V M P Y U L O H
S U P E R M A R K E T A N V T Q
```

AMBASADA
APARTAMENT
KINO
KABINA
FABRYKA
GARAŻ
HOTEL
ZAMEK
LABORATORIUM
MUZEUM

OBSERWATORIUM
SZKOŁA
STODOŁA
STADION
SUPERMARKET
NAMIOT
TEATR
WIEŻA
UNIWERSYTET
SZPITAL

54 - Kunst

```
S D W H B P D M Ł P G M K A B T
K U R Y T S O R P O Ł H V M Ł I
E L R B R W V J F E X R M A Ł L
L I P R N A R W D Z R Ó W T S S
P F H G E Ć Ż Z H J Ó R T S A N
M M T T A H E E A K B E A F P
O R W K A I L B N Ź R Ł P W Z A
K N A X T W O I Ł I B K R U M J
T E M A T A B R Z E E A W P K C
Z M N Z W T M F Z M O B R A Z Y
V E U S U S Y W I C Z C U X R Z
O D Y M F D S O S O B I S T Y O
B Ł C W V E T O R Y G I N A Ł P
D Ł S Y N Z C I M A R E C U O M
Y N A W O R I P S N I A Z I Q O
N V I K K P W I Z U A L N Y A K
```

RZEŹBA	OSOBISTY
KOMPLEKS	POEZJA
STWÓRZ	PRZEDSTAWIAĆ
PROSTY	KOMPOZYCJA
UCZCIWY	OBRAZY
ZAINSPIROWANY	SURREALIZM
NASTRÓJ	SYMBOL
CERAMICZNY	WYRAŻENIE
TEMAT	WIZUALNY
ORYGINAŁ	

55 - Beroepen #1

```
H X Y P V P C J I S C Ł K N T M
O T M B A K Z U J N I X B D A U
P R O D A S A B M A A B I Ł N Z
C Ł O C O C E I W O K U A N C Y
U E S W C K I L U A R D Y H E K
B A N K I E R E M P A L Y S R R
J L O P J C J R B X I R R J Z B
P I A N I S T A B V N M O V R H
V M D D S D B F A R G O T R A K
D F D Ł G T F Y G Z Ę N K G K I
A T L E T A R M E Ł L O A E E N
A N P Y O V O A S S E R D O L W
U Q W F Y C T P Ż H I T E L Y A
M Y Ś L I W Y S C A P S R O A R
F A R M A C E U T A K A Ł G P P
P S Y C H O L O G P B Z Z D C C
```

PRAWNIK
AMBASADOR
FARMACEUTA
ASTRONOM
ATLETA
BANKIER
STRAŻAK
KARTOGRAF
TANCERZ
LEKARZ

REDAKTOR
GEOLOG
MYŚLIWY
JUBILER
HYDRAULIK
MUZYK
PIANISTA
PSYCHOLOG
PIELĘGNIARKA
NAUKOWIEC

56 - Antarctica

```
C  M  U  U  J  K  C  H  M  U  R  Y  W  K  H  T
A  I  F  A  R  G  O  P  O  T  W  W  Y  Q  J  S
K  U  C  B  S  F  H  N  I  F  Y  P  P  F  D  Q
Y  N  Z  H  R  K  L  Ł  T  A  O  M  R  Q  E  J
P  Ó  Ł  W  Y  S  E  P  M  Y  Z  R  A  D  O  W
U  V  F  Z  H  S  D  V  M  L  N  P  W  Ó  K  T
Y  Y  K  Q  O  C  H  R  O  N  A  E  A  L  S  E
N  A  U  K  O  W  Y  F  P  I  I  E  N  T  I  M
F  Z  C  A  D  A  B  N  M  S  F  M  Ł  T  W  P
T  L  A  J  C  A  R  G  I  M  A  E  W  C  O  E
Q  Y  U  T  Ł  Y  J  L  J  W  R  Q  W  D  D  R
H  E  C  W  O  D  O  L  A  I  G  U  G  P  O  A
X  G  Z  X  U  K  D  G  Y  M  O  N  P  P  R  T
J  Y  T  S  I  L  A  K  S  Ł  E  M  I  Y  Ś  U
E  Q  O  B  X  R  W  Z  W  S  G  L  B  P  S  R
D  N  G  M  I  N  E  R  A  Ł  Y  P  S  Y  W  A
```

ZATOKA	ŚRODOWISKO
OCHRONA	BADACZ
KONTYNENT	PINGWINY
WYSPY	SKALISTY
WYPRAWA	PÓŁWYSEP
GEOGRAFIA	TEMPERATURA
LODOWCE	TOPOGRAFIA
LÓD	WODA
MIGRACJA	NAUKOWY
MINERAŁY	CHMURY

57 - Ballet

```
P  J  W  T  S  B  W  O  Q  J  I  V  Q  A  X  K
U  O  D  B  C  F  H  Y  R  A  E  M  Q  E  C  Q
B  C  Z  I  L  N  X  T  R  K  R  M  K  E  N  B
L  H  I  P  Ć  S  T  Y  L  A  I  D  A  K  F  H
I  O  Ę  K  Ś  J  Y  F  J  Y  Z  E  Z  U  Z  J
C  R  C  O  O  K  L  A  S  K  I  I  S  O  H  N
Z  E  Z  M  N  P  K  K  O  C  I  N  S  T  Y  T
N  O  N  P  W  R  B  I  T  A  M  Ś  E  T  R  B
O  G  Y  O  Y  Ó  T  N  E  V  Z  Ę  D  S  Y  A
Ś  R  I  Z  S  B  H  H  Z  Y  F  I  C  E  T  N
Ć  A  Z  Y  N  A  W  C  R  Y  Z  M  P  G  A  I
G  F  Q  T  E  B  O  E  E  Y  T  I  Z  X  L  R
E  I  E  O  T  C  S  T  C  L  T  Y  G  K  A  E
N  A  B  R  N  D  U  V  N  I  S  M  V  B  B  L
Ć  Y  Z  C  I  W  Ć  N  A  K  Y  Z  U  M  J  A
P  W  L  Y  N  Z  C  Y  T  S  Y  T  R  A  T  B
```

OKLASKI	ORKIESTRA
ARTYSTYCZNY	ĆWICZYĆ
BALERINA	PUBLICZNOŚĆ
CHOREOGRAFIA	PRÓBA
KOMPOZYTOR	RYTM
TANCERZE	WDZIĘCZNY
WYRAZISTY	MIĘŚNIE
GEST	STYL
INTENSYWNOŚĆ	TECHNIKA
MUZYKA	

58 - Fruit

```
N P M M A Y X M W P W S L Z W F
E O N A J R R E I A I R D E D R
K M S K L X O L Ś P N A N A B K
T A J Z E I G O N A O N E F H Q
A R J S M B N N I J G Y K I W I
R A N U F R A A A A R R M Ł U P
Y Ń X R Q Z M D R A O T T S K G
N C A G Q O E O M H N Y F S Y V
A Z J D H S D G I O O C R U K A
U O O Ł O K S A M G R E U I Z P
C W M V E W D J K S P E N P G D
I Y K Y N I V M M O Y Q L Ł T M
M K M D J N B G D K W Z B A R O
C G Z P I I A R Q O S A N A N A
W U L J T A E P I K J A B Ł K O
V I Ł J F I D W X Ś L I W K A V
```

MORELA	KIWI
ANANAS	KOKOS
JABŁKO	MANGO
AWOKADO	MELON
BANAN	NEKTARYNA
JAGODA	POMARAŃCZOWY
CYTRYNA	PAPAJA
WINOGRONO	GRUSZKA
MALINA	BRZOSKWINIA
WIŚNIA	ŚLIWKA

59 - Engineering

```
G N T K O O I U R R J L E K A C
Ł J Z U O W Ś Y O U H F H Ł D Y
Ę J H U U L X Ć B V C W Z S H G
B G F P Q S X Ś L W Q H Z E D S
O Ł E Y C Z R O I Ł G G O S N I
K X U A D P K N C C P K N O H Ł
O S H N Q N J L Z C E I C C I A
Ś T Ó R B O W I E E N E R G I A
Ć R R H N T P B Ń S C P X T I W
Q U A M A R G A I D E E L A Q O
T K G A P G Q T Ą K N I T R S D
S T Q B Ę Q Z S Q Y H W D C I U
X U S X D P O M I A R Ł X I L B
Y R Ł Ł B C V M M R L Q I E N Q
L A U U H V O C Z T Z Y E T I B
M A S Z Y N A C I N D E R Ś K A
```

OŚ	SIŁA
OBLICZEŃ	MASZYNA
RUCH	POMIAR
BUDOWA	SILNIK
DIAGRAM	OBRÓT
ŚREDNICA	STABILNOŚĆ
GŁĘBOKOŚĆ	STRUKTURA
DIESEL	CIECZ
ENERGIA	NAPĘD
KĄT	TARCIE

60 - Literatuur

```
U  N  Z  K  Y  J  Y  E  X  A  T  P  N  Z  K  D
V  E  E  E  Z  V  R  B  K  I  R  O  A  H  C  D
E  R  H  S  B  Q  Z  H  E  G  A  R  R  F  B  D
K  L  G  O  L  A  I  D  K  O  G  Ó  R  Z  E  M
N  F  Ł  I  E  T  N  Q  M  L  E  W  A  C  X  Ł
O  D  A  N  E  G  D  O  T  A  D  N  T  Y  H  O
B  Q  R  W  I  E  R  S  Z  N  I  A  O  Q  Ł  U
B  I  O  G  R  A  F  I  A  A  A  N  R  K  Ł  Y
C  K  R  K  X  T  E  M  A  T  J  I  Z  Ł  B  X
L  C  O  Y  E  I  L  Y  T  S  C  E  V  K  W  B
O  Y  A  P  T  J  K  R  P  I  K  W  I  H  Z  N
Z  T  G  U  I  M  P  R  A  Z  I  L  A  N  A  G
L  E  G  R  T  N  D  A  R  O  F  A  T  E  M  Y
A  O  X  X  E  O  I  K  P  O  W  I  E  Ś  Ć  N
N  P  Z  Y  S  F  R  A  X  Z  Ł  N  D  F  E  L
R  T  Y  O  B  V  Y  O  M  U  A  T  P  K  V  T
```

ANALOGIA	METAFORA
ANALIZA	POETYCKI
ANEGDOTA	RYM
AUTOR	RYTM
BIOGRAFIA	POWIEŚĆ
WNIOSEK	STYL
DIALOG	TEMAT
FIKCJA	TRAGEDIA
WIERSZ	PORÓWNANIE
OPINIA	NARRATOR

61 - Boeken

```
Ł  F  Y  W  G  I  E  M  S  Y  R  K  B  J  I  P
W  Y  N  A  L  A  Z  C  Z  Y  Y  G  Z  Q  N  O
B  Y  Z  B  X  A  G  G  L  H  S  Z  Z  Y  W  E
G  S  C  A  J  H  I  T  F  U  A  U  T  O  R  Z
P  J  Y  J  P  R  F  K  Q  W  P  E  S  H  C  J
H  I  T  C  B  Ł  J  U  H  Z  O  P  T  I  Z  A
I  T  S  K  W  I  E  R  S  Z  W  I  R  S  Y  D
S  R  Y  E  N  T  O  T  S  I  I  C  O  T  T  O
T  A  R  L  M  I  P  S  J  R  E  K  N  O  E  G
O  G  O  O  Z  N  D  K  W  A  Ś  I  A  R  L  Y
R  I  M  K  I  T  Y  E  D  W  Ć  G  T  Y  N  Z
I  C  U  Z  L  P  R  T  H  W  X  O  P  C  I  R
A  Z  H  V  A  F  K  N  P  O  A  R  S  Z  K  P
I  N  M  Ł  U  O  R  O  T  A  R  R  A  N  Q  T
E  Y  A  D  D  O  I  K  V  Y  A  F  U  Y  Z  N
L  I  T  E  R  A  C  K  I  O  C  I  Q  R  X  C
```

AUTOR	HUMORYSTYCZNY
PRZYGODA	WYNALAZCZY
STRONA	CZYTELNIK
KOLEKCJA	LITERACKI
KONTEKST	POEZJA
DUALIZM	ISTOTNE
EPICKI	POWIEŚĆ
WIERSZ	TRAGICZNY
PISEMNY	HISTORIA
HISTORYCZNY	NARRATOR

62 - Meer Informatie

```
Q O S W K I W F V N E R H P K T
T Z G A Y Z C I N M E J A T S U
C S Ł I R B Y A I R U U A A I X
C U I H E E U Z A K O Y I I Ą D
A I A E H Ń U C B I Q B P W Ż F
I R G L L G Ł F H N E K O Ś K A
G A L A K T Y K A O Ł G T T I N
O N R J D Y S T O P I A U Ł Y T
L E X Z N J M H H S Ł A U Ł N A
O C Q U K P I M C N E D H O J S
N S Z L C Q W T Q S L Q E H A T
H J A I N Z C O R Y W Ł P Ł R Y
C F U T U R Y S T Y C Z N Y K C
E R E A L I S T Y C Z N Y U S Z
T R V Ł S U B D P L A N E T A N
W Y I M A G I N O W A N Y K Ł Y
```

KINO
KSIĄŻKI
OGIEŃ
WYIMAGINOWANY
DYSTOPIA
WYBUCH
SKRAJNY
FANTASTYCZNY
FUTURYSTYCZNY
ILUZJA

TAJEMNICZY
WYROCZNIA
PLANETA
REALISTYCZNY
ROBOTY
SCENARIUSZ
GALAKTYKA
TECHNOLOGIA
UTOPIA
ŚWIAT

63 - Haartypes

```
K E K M I K N E I C B Q T F M I
U O I P K R L A Y F I K K Ę I M
Q E L Y T S I L A F A M C K K V
X M Q O Ó S K N B F Ł M I R H M
B Ł M J R N P K Z H Y C C Ę S F
Y W Y Y K O P K A P H N E C E V
B D Z R Ł E W Q B K C U F O M Ł
U R R P D I V E I G U Ł D N Ł Y
R O Ą Ł Y R A Z S G S J E E B S
G W R Z W D M L Z V E Ł M H M Y
J L J Ł O Y N O I C E L P Y J H
L F D N R W A K R O P L Ł N V Ł
Q I W K D J Y I W B E R W E M W
B Ł Y S Z C Z Ą C Y E D U Z Ł Q
I D S B L O N D O Y Y R R B P M
C Z A R N Y U V J H A L S L J O
```

BLOND	SZARY
BRĄZOWY	ŁYSY
GRUBY	KRÓTKI
SUCHY	LOKI
CIENKI	KRĘCONE
KOLOROWE	DŁUGIE
PLECIONY	BIAŁY
ZDROWY	MIĘKKI
BŁYSZCZĄCY	SREBRO
FALISTY	CZARNY

64 - Stad

```
B  S  P  O  G  O  W  O  L  P  E  C  S  M  S  U
K  I  T  D  Y  T  Z  M  A  S  J  A  W  U  U  N
U  C  B  A  I  N  R  A  K  E  I  P  J  E  P  I
Z  A  A  L  D  K  W  I  A  C  I  A  R  Z  E  W
J  B  J  C  I  I  S  W  B  C  D  G  T  U  R  E
O  J  M  Z  P  O  O  Z  P  A  L  A  A  M  M  R
C  U  W  K  S  V  T  N  L  I  V  L  E  D  A  S
K  L  I  N  I  K  A  E  L  N  H  E  T  R  R  Y
E  X  P  S  A  Ł  I  S  K  R  B  R  W  T  K  T
N  I  U  M  V  Ł  A  Z  A  A  A  I  O  L  E  E
Y  F  B  K  I  N  O  S  K  G  N  A  K  E  T  T
R  Z  O  O  O  G  H  K  K  Ę  K  B  Y  C  R  P
X  X  I  F  K  N  X  F  Z  I  P  F  A  U  M  W
Ł  C  J  A  P  T  E  K  A  S  H  O  T  E  L  X
L  O  T  N  I  S  K  O  H  K  S  K  L  E  P  L
G  L  L  T  Z  O  Y  O  O  Q  X  S  L  X  Z  L
```

APTEKA	KLINIKA
PIEKARNIA	LOTNISKO
BANK	RYNEK
BIBLIOTEKA	MUZEUM
KINO	SZKOŁA
KWIACIARZ	STADION
KSIĘGARNIA	SUPERMARKET
ZOO	TEATR
GALERIA	UNIWERSYTET
HOTEL	SKLEP

65 - Creativiteit

```
S  I  W  W  I  Z  J  E  X  Q  W  Z  A  R  B  O
W  P  N  R  S  R  Y  H  A  J  C  I  U  T  N  I
Y  U  O  S  A  F  Ć  Ś  O  N  L  A  T  I  W  D
N  C  A  N  P  Ż  G  U  Q  E  U  O  E  F  B  C
A  Z  M  Z  T  I  E  L  Ć  Ś  O  N  N  Y  Ł  P
L  U  W  X  A  A  R  N  Z  V  H  F  T  Ć  H  G
A  C  Q  H  F  Z  N  A  I  K  E  D  Y  Ś  P  P
Z  I  H  E  Q  N  Y  I  C  E  E  J  C  O  M  E
C  A  T  N  J  S  J  P  C  J  I  C  Z  N  J  I
Z  J  U  N  Y  G  C  Y  D  Z  A  V  N  T  N  C
Y  W  Y  R  A  Ż  E  N  I  E  N  Y  O  Ę  S  U
A  R  T  Y  S  T  Y  C  Z  N  Y  Y  Ś  J  V  Z
W  Y  O  B  R  A  Ź  N  I  A  I  K  Ć  E  P  C
D  R  A  M  A  T  Y  C  Z  N  Y  Q  F  I  O  U
P  R  Z  E  J  R  Z  Y  S  T  O  Ś  Ć  M  I  T
I  N  T  E  N  S  Y  W  N  O  Ś  Ć  Y  U  O  P
```

ARTYSTYCZNY	INTENSYWNOŚĆ
OBRAZ	INTUICJA
DRAMATYCZNY	WYNALAZCZY
AUTENTYCZNOŚĆ	SPONTANICZNY
EMOCJE	WYRAŻENIE
UCZUCIE	UMIEJĘTNOŚĆ
UCZUCIA	WYOBRAŹNIA
PRZEJRZYSTOŚĆ	WIZJE
WRAŻENIE	WITALNOŚĆ
INSPIRACJA	PŁYNNOŚĆ

66 - Natuur

```
S C H R O N I E N I E M D T R Z
E S P O K O J N Y D N D Y R Z U
P R Y Ł C T Z Q N G T H N M E M
S Ł O W F H J Q Y E O S A L K G
Z Q W Z G L M P J V T Z M I A Ł
C B J L J B I U C V S U I Z W A
Z Q X O Z A R Ś R U I L C P A I
O R L K L I F Y C Y Q Q Z Z J N
Ł B O Ł M S I N J I B A N R K Y
Y D D B K P M Z S L V X Y P K T
P I Ę K N O E C E I W O D O L S
J N D B G F Ł Y F D Z I K I H U
E D N H M C R T D N A R L U Ł P
B F I F K Y I K Z W I E R Z Ą T
Q O X H M U I R A U T K N A S R
K I Ł N Y N L A K I P O R T O E
```

ARKTYCZNY	MGŁA
PSZCZOŁY	RZEKA
LAS	PIĘKNO
ZWIERZĄT	SCHRONIENIE
DYNAMICZNY	SPOKOJNY
EROZJA	TROPIKALNY
LIŚCI	ISTOTNE
LODOWIEC	DZIKI
SANKTUARIUM	PUSTYNIA
KLIFY	CHMURY

67 - Zoogdieren

```
G  C  Q  B  A  H  A  E  W  E  L  G  K  B  Ł  X
C  K  I  U  Ó  Ł  F  V  M  I  T  O  O  Q  Y  E
O  S  I  O  Ł  B  A  X  A  W  E  L  Z  V  W  K
Q  Z  K  I  L  Ó  R  K  Ł  E  I  L  A  M  O  C
O  Ł  L  V  Y  A  Y  L  P  K  O  G  O  D  S  D
N  G  I  V  R  K  Ż  Ł  A  O  P  I  U  R  J  Ą
Y  U  W  T  O  J  O  K  W  T  B  K  D  O  Y  Ł
C  N  N  U  G  K  A  N  G  U  R  V  M  H  W  B
V  D  Q  U  Z  U  K  I  F  Q  U  Y  L  L  W  L
C  C  X  S  L  B  R  F  J  S  P  I  E  S  F  E
V  F  B  D  N  N  S  L  J  Y  K  E  S  A  C  I
E  Y  A  E  X  U  X  E  W  F  Z  J  Ł  U  B  W
H  P  Ł  Z  A  A  G  D  Z  H  L  Z  O  L  K  T
W  L  F  C  J  K  M  V  T  J  I  E  Ń  I  T  A
W  L  A  H  F  N  C  P  Ł  B  T  L  O  S  L  Y
P  S  C  I  D  K  I  B  H  K  Ł  S  K  E  U  L
```

MAŁPA	KANGUR
BÓBR	KOT
KOJOT	KRÓLIK
DELFIN	LEW
OSIOŁ	SŁOŃ
KOZA	KOŃ
ŻYRAFA	BYK
GORYL	LIS
PIES	WIELORYB
WIELBŁĄD	WILK

68 - Overheid

```
B L O B M Y S K Y Ł P A I H S P
D J W W X S S R S Z G R A Ł T O
W Y T I A V Ą A Y H S J A D A M
O N S N J Ł D J A Ć R P A W N N
L L L K C L O O Q N Ś I C R A I
N I E L U U W W Y C I O I S N K
O W T A T S Y E K N B P N Z A A
Ś Y A J Y B J F R B Q G L W R S
Ć C W C T Q Q A K S L Y E P Ó D
V R Y A S M W K B P Y G I Z D R
F B B R N P Y Y D O P E Z S J E
P V O K O I P T K K D Y D K G D
Y L T O K J R I D O Z I T U F I
Z Y M M O W A L W J Y V H K N L
G Ł R E E G H O B N P R A W O E
S W C D B E O P V A O P V L P W
```

OBYWATELSTWO	KRAJOWE
CYWILNY	POLITYKA
DEMOKRACJA	PRAWA
DYSKUSJA	SPOKOJNA
RÓWNOŚĆ	STAN
SĄDOWY	SYMBOL
KONSTYTUCJA	MOWA
LIDER	WOLNOŚĆ
POMNIK	PRAWO
NARÓD	DZIELNICA

69 - Voertuigen

```
X S M R N T A X I Ł F Ł S U R S
P M C P G J H O D M A Ó K P A A
H U X Y I E L P O R M D U R K M
P D Y Ł Y Y Q O N S J Ź T O I O
S J O P X K I N L I S P E M E C
T O L O M A S Y Q L E O R M T H
A R C I Ą G N I K Y P D T Q A Ó
Z U A V A F N A G D E W X W G D
E P T T B K U H W X S O Ł Ó D Ź
G R R O W X C R B A L D A F Q J
V H I T B A Ł S J Y R N H R C T
N S N A L U B M A H E A Z R Ł Q
P O C I Ą G S T S B W F K Ł M C
Z W K C O J C E I W O Ł G I M Ś
C Z U C S K I A Ł O R T E M X O
C I Ę Ż A R Ó W K A H X D X Y Y
```

AMBULANS	ŁÓDŹ PODWODNA
SAMOCHÓD	RAKIETA
OPONY	SKUTER
ŁÓDŹ	TAXI
AUTOBUS	CIĄGNIK
KARAWANA	POCIĄG
ROWER	PROM
ŚMIGŁOWIEC	SAMOLOT
METRO	TRATWA
SILNIK	CIĘŻARÓWKA

70 - Geografie

```
Z  T  X  Q  E  N  P  S  S  G  M  N  D  M  W  F
D  A  P  S  Y  W  Ó  M  K  Ó  I  I  N  G  Z  K
M  I  C  V  N  D  Ł  L  Ł  R  W  F  A  J  G  R
Q  W  Z  H  M  T  K  F  L  A  N  B  M  S  B  A
S  Ś  H  S  Ó  H  U  X  O  O  N  M  K  D  T  J
A  K  I  W  X  D  L  F  A  X  P  A  Q  B  Ł  O
L  T  B  B  N  C  A  H  I  E  N  P  L  Ł  L  I
T  E  R  Y  T  O  R  I  U  M  E  A  J  B  N  H
A  I  L  K  N  N  I  U  Q  X  R  Z  E  K  A  K
F  N  S  E  E  Ł  O  G  M  O  R  Z  E  I  I  S
C  D  Q  U  N  Ó  K  D  E  L  A  I  J  N  V  F
Q  U  Z  D  Y  P  Ł  F  L  R  U  U  L  W  S  K
U  Ł  I  Ł  T  W  Y  S  O  K  O  Ś  Ć  Ó  H  N
O  O  Q  A  N  A  E  C  O  G  H  N  Y  R  B  O
P  P  U  K  O  Y  T  Ł  X  L  C  J  J  Q  A  V
E  T  R  Q  K  I  N  D  U  Ł  O  P  V  L  A  W
```

ATLAS
GÓRA
KONTYNENT
WYSPA
RÓWNIK
TERYTORIUM
PÓŁKULA
WYSOKOŚĆ
MAPA
KRAJ

POŁUDNIK
PÓŁNOC
OCEAN
REGION
RZEKA
MIASTO
ŚWIAT
ZACHÓD
MORZE
POŁUDNIE

71 - Kunstbenodigdheden

```
M  G  G  T  Ć  S  V  X  A  Y  Ł  S  Y  M  O  P
T  I  L  M  Ś  K  T  N  E  M  A  R  T  A  Ł  A
Z  T  J  I  O  P  R  Ó  Q  R  K  E  O  G  Ó  S
K  L  E  J  N  P  G  Z  Ł  R  M  I  L  U  W  T
W  T  O  R  W  A  U  D  E  A  U  P  E  L  K  E
O  D  Q  Z  Y  B  R  A  F  S  G  A  J  A  I  L
D  L  C  B  T  A  K  R  Y  L  Ł  P  P  T  U  E
A  A  H  I  A  K  A  M  E  R  A  O  R  Z  B  D
L  I  G  A  E  L  E  R  A  W  K  A  Z  S  I  P
L  X  L  Y  R  O  L  O  K  P  Ę  D  Z  L  E  M
Y  B  P  K  K  W  B  W  P  C  V  Z  Z  M  T  Y
T  J  B  T  F  V  B  G  E  C  F  P  B  X  B  H
X  J  F  H  V  D  P  C  I  G  A  N  D  Ł  Z  Z
R  E  G  S  C  E  M  P  V  O  I  H  F  K  Q  G
U  Ł  I  L  S  H  B  T  P  N  R  E  J  C  P  Ł
G  U  J  E  C  A  K  T  G  P  F  Y  Q  W  W  U
```

AKRYL	KOLORY
AKWARELE	KLEJ
PĘDZLE	OLEJ
KAMERA	PAPIER
KREATYWNOŚĆ	PASTELE
SZTALUGA	OŁÓWKI
GUMKA	KRZESŁO
POMYSŁY	STÓŁ
ATRAMENT	FARBY
GLINA	WODA

72 - Barbecues

```
D M S J S N W E L U B E C O W S
O B I A D S I D A L I S S W A A
M U Z Y K A D N T T I F Ó O R Ł
V Z U A P G E P O V G R L C Z A
W L W V L D L U R K A Y G Ł Y T
M S Y H J V C R O D Z I N A W K
Ł S W Y Q K E P I E P R Z O A I
U P Z V S U D T I S B E N S D R
N S K N A O Q Y T G Z E R C N P
F V K A E B S P T B S S I D Z Z
E I N E Z S O R P A Z F F Z K S
K X W K Z C P U M T Ł X V I T L
P O M I D O R Y C Ą R O G E R M
Y B U Z Ó J F U S X R D Y C D J
T U W U Ł H L R K T I U R I R V
A O Y B G X E S Y E N O Ż E I Z
```

OBIAD	MUZYKA
RODZINA	PIEPRZ
OWOC	SAŁATKI
GRILL	SOS
WARZYWA	POMIDORY
GORĄCY	CEBULE
GŁÓD	ZAPROSZENIE
DZIECI	WIDELCE
KURCZAK	LATO
NOŻE	SÓL

73 - Schoonheid

```
S  I  C  W  Q  T  S  H  Ł  C  P  G  W  S  B  G
N  Z  U  Q  G  B  K  F  A  I  W  Ł  F  T  V  Ł
M  O  A  V  Z  N  Ó  J  S  W  C  A  Z  Y  I  Z
A  T  Ż  M  J  J  R  E  K  U  V  D  O  L  K  Y
K  W  N  Y  P  W  A  Q  A  Q  W  K  Z  I  C  A
I  T  H  D  C  O  R  T  S  U  L  I  U  S  N  I
J  Z  R  S  I  Z  N  Y  W  Ł  A  K  S  T  A  K
A  P  M  Z  V  K  K  G  M  Z  A  O  Ł  A  G  Y
Ż  J  U  T  M  A  G  I  G  H  K  L  U  A  E  T
P  M  L  R  Z  N  E  A  J  C  N  A  G  E  L  E
D  I  N  J  O  G  D  R  D  A  I  H  I  Ł  E  M
B  T  J  F  K  K  T  O  K  P  M  G  R  T  L  S
P  R  O  D  U  K  T  Y  R  A  Z  L  W  S  S  O
M  A  Y  S  Ę  Z  R  O  D  Z  S  U  T  C  S  K
Q  U  K  O  L  O  R  P  K  H  A  J  G  J  D  I
F  O  T  O  G  E  N  I  C  Z  N  Y  P  Y  R  T
```

UROK	KOLOR
KOSMETYKI	LOKI
USŁUGI	SZMINKA
ELEGANCKI	TUSZ DO RZĘS
ELEGANCJA	PRODUKTY
FOTOGENICZNY	NOŻYCZKI
ŁASKA	SZAMPON
ZAPACH	LUSTRO
GŁADKI	STYLISTA
SKÓRA	MAKIJAŻ

74 - Wetenschappelijke Discip

```
N  S  B  P  G  B  I  O  C  H  E  M  I  A  F  P
A  E  O  U  C  E  R  W  L  C  V  A  Y  K  I  M
N  U  U  C  V  Z  O  D  H  F  G  Y  C  Y  Z  E
A  H  I  R  J  Z  F  L  E  E  T  R  S  T  J  T
T  B  U  B  O  O  P  K  O  Q  X  Z  F  O  O  E
O  H  Q  J  Q  L  L  W  X  G  K  D  K  B  L  O
M  A  A  X  W  V  O  O  M  J  I  U  X  O  O  R
I  K  I  M  Q  Ł  L  G  G  D  W  A  C  R  G  O
A  Q  M  O  E  V  K  Y  I  I  Ł  K  H  I  I  L
B  D  O  Y  U  W  J  P  A  A  A  I  E  R  A  O
M  I  N  E  R  A  L  O  G  I  A  N  M  E  Z  G
G  T  O  Q  U  E  F  W  E  S  S  A  I  Ł  W  I
T  J  R  E  K  O  L  O  G  I  A  T  A  L  D  A
M  S  T  E  Y  T  V  J  A  I  G  O  L  O  I  B
Q  X  S  B  I  A  Z  J  N  M  F  B  A  S  Z  D
C  D  A  T  E  R  M  O  D  Y  N  A  M  I  K  A
```

ANATOMIA
ASTRONOMIA
BIOCHEMIA
BIOLOGIA
CHEMIA
EKOLOGIA
FIZJOLOGIA
GEOLOGIA

METEOROLOGIA
MINERALOGIA
NEUROLOGIA
BOTANIKA
ROBOTYKA
SOCJOLOGIA
TERMODYNAMIKA

75 - Bijvoeglijke Naamwoorden

```
V T U X N Q U Y A H E B P H O Z
S W P X E O W T K T L A S W H D
U I K N Y O W S N L X Y Y Ł X R
I T L M J O O Y Z C R Ó W T Z O
N P A N Ł B K Z D B T A V A T W
T R Ś L Y N Z C Y T N E T U A Y
E O W G E Ł D Y N M U D G F N N
R D I Z A N Ł T N C P Z C A L O
E U E C G A T S E G C I S C A Z
S K Ż M D R Z O S P N K T Z M C
U T Y Y A Y A T W U H I W N R Ę
J Y N Z C Y T A M A R D K J O M
Ą W O P I S O W Y N N Y W U N Z
C N N A T U R A L N Y Y T W T H
Y Y N D O Ł G S Ł O N Y R T Z W
C R A Z A G P P H C I Q M B M C
```

AUTENTYCZNY	NOWY
UTALENTOWANY	NORMALNA
OPISOWY	PRODUKTYWNY
TWÓRCZY	SENNY
DRAMATYCZNY	SILNY
ZDROWY	DUMNY
GŁODNY	ŚWIEŻY
INTERESUJĄCY	DZIKI
ZMĘCZONY	SŁONY
NATURALNY	CZYSTY

76 - Kleding

```
S  S  J  C  P  G  P  H  Y  K  Ł  D  I  S  L  K
S  U  S  K  I  Ł  P  Y  D  M  V  S  I  I  X  A
S  K  P  F  F  E  A  F  S  P  O  D  N  I  E  P
A  I  Ó  X  T  F  K  S  J  O  A  A  R  Z  G  E
L  E  D  M  Z  I  T  M  Z  B  H  C  Ę  D  O  L
U  N  N  B  Z  Z  R  G  K  C  B  G  K  E  V  U
Z  K  I  H  M  R  U  F  I  V  Z  F  A  V  K  S
S  A  C  I  C  B  K  P  L  K  Y  K  W  Ł  V  Z
O  K  A  D  O  M  M  N  A  W  Ł  K  I  J  L  E
K  K  A  K  I  N  J  Y  Z  S  A  N  C  G  S  R
I  O  U  R  E  T  E  W  S  G  D  Q  Z  M  R  O
E  B  B  R  P  T  M  L  A  Z  N  W  K  O  U  Y
X  S  U  I  Y  E  N  Z  A  G  A  H  I  P  Z  Z
O  P  T  B  A  K  T  E  L  O  S  N  A  R  B  Y
F  A  R  T  U  C  H  Y  P  I  Ż  A  M  A  R  T
T  K  H  Z  H  B  L  U  Z  A  N  F  T  N  I  U
```

BRANSOLETKA
BLUZA
SPODNIE
RĘKAWICZKI
KAPELUSZ
PŁASZCZ
KURTKA
SUKIENKA
NASZYJNIK
MODA

PIŻAMA
PAS
SPÓDNICA
SANDAŁY
BUT
FARTUCH
KOSZULA
SZALIK
SKARPETY
SWETER

77 - Vliegtuigen

```
J  I  T  M  V  L  E  H  E  P  I  B  F  H  T  P
E  B  M  S  F  Ą  Q  Q  T  A  U  A  E  I  Z  A
A  E  T  K  T  D  O  A  F  S  L  U  C  S  G  L
M  L  Ć  A  W  O  G  I  W  A  N  H  B  T  Ł  I
G  R  Ó  D  O  W  L  E  Z  Ż  G  Y  A  O  Q  W
H  I  J  O  D  A  G  I  D  E  I  R  L  R  Ł  O
B  U  S  N  T  N  U  G  P  R  I  V  O  I  Q  W
F  J  N  D  E  I  B  U  D  O  W  A  N  A  D  B
P  N  B  T  K  E  J  O  R  P  B  K  Y  Y  Ł  K
T  U  R  B  U  L  E  N  C  J  A  E  K  N  U  Z
N  A  T  M  O  S  F  E  R  A  G  N  I  W  F  I
Z  E  J  Ś  C  I  E  N  K  U  O  U  N  N  W  W
P  O  W  I  E  T  R  Z  E  R  Ł  R  L  R  B  J
P  R  Z  Y  G  O  D  A  X  C  A  E  I  U  O  V
N  T  O  Y  P  O  W  O  G  Z  Z  I  S  Z  P  X
M  V  P  J  K  I  R  S  Ć  Ś  O  K  O  S  Y  W
```

ZEJŚCIE	LĄDOWANIE
ATMOSFERA	POWIETRZE
PRZYGODA	SILNIK
BALON	NAWIGOWAĆ
ZAŁOGA	PROJEKT
BUDOWA	PASAŻER
PALIWO	PILOT
HISTORIA	KIERUNEK
NIEBO	TURBULENCJA
WYSOKOŚĆ	WODÓR

78 - Herbalisme

```
V M E X T Z I E L O N Y M U A S
A T A S K W I A T S R Q Q M J K
R X G J T R O Z M A R Y N T K Ł
O N A G E R O R D S M M F R O A
M H K S V R A I L Y Z A B W P D
A R Z H N Q A G Q U C S G W E N
T W S X K I D N O W D H E Ć R I
Y W U B Q C N C E N K M J Ś E K
C P R Ł P F E H H K E N S O Z C
Z G T Z H O W V D E A W E K E V
N V E J Z N A K U N H M B A P X
Y N I B D O L X R A D M S J I M
Z F P F Ł J D J B I F K V E S C
K U L I N A R N Y M R P E T D W
O G R Ó D E Y M J Y R U D R E G
D N S Z A F R A N T O V Q Ł Z J
```

AROMATYCZNY
BAZYLIA
KWIAT
KULINARNY
KOPER
ESTRAGON
ZIELONY
SKŁADNIK
CZOSNEK
JAKOŚĆ

LAWENDA
MAJERANEK
OREGANO
PIETRUSZKA
ROZMARYN
SZAFRAN
SMAK
TYMIANEK
OGRÓD

79 - Kracht en Zwaartekracht

```
C U R D R K H T A P O J D Z L W
P Z G G D Q C E H K Q Ł S J R F
J R A G A W U I Ć P V I V I E V
O P T S C R R Ł Ś O F I Z Y K A
M D L Q O T V Y O N P V A G Ć M
A O K W P Ł Y W K C I X J C Ś E
G R K R C P N W D E C E S J O C
N B X P Y I Z O Ę N Ś I N S Ł H
E I B P T C C D R T O C A I G A
T T V L E S I Z P R W R P G E N
Y A Z M N M M E H U I A S W L I
Z I V J A X A Q J M C T K P D K
M Q I C L C N U C W Ś B E I O A
G Ł P O P T Y G G O A W H A E C
P R I C J E D W V D Ł R L F W W
X R L Y N L A S R E W I N U Y Q
```

ODLEGŁOŚĆ	MAGNETYZM
OŚ	MECHANIKA
ORBITA	FIZYKA
RUCH	ODKRYCIE
CENTRUM	PLANETY
CIŚNIENIE	PRĘDKOŚĆ
DYNAMICZNY	CZAS
WŁAŚCIWOŚCI	EKSPANSJA
WAGA	UNIWERSALNY
WPŁYW	TARCIE

80 - Het Bedrijf

```
A  X  T  Ć  Ś  O  W  I  L  Ż  O  M  J  Z  P  W
J  Ł  K  Ś  J  Ś  Ł  N  N  C  R  L  E  A  R  Y
L  Y  U  O  M  W  H  N  R  X  R  D  D  T  Z  N
K  D  D  K  B  I  C  O  Ł  K  U  P  N  R  E  A
R  N  O  A  I  A  E  W  X  I  V  R  O  U  M  G
U  E  R  J  J  T  W  A  B  N  L  O  S  D  Y  R
L  R  P  H  K  O  A  C  I  W  V  F  T  N  S  O
D  T  Ę  U  W  W  J  Y  Z  E  P  E  K  I  Ł  D
Ó  O  T  R  T  Y  Z  J  N  S  Q  S  I  E  K  Z
H  A  S  T  M  A  Y  N  E  T  T  J  K  N  P  E
C  K  O  A  W  M  C  Y  S  Y  H  O  T  I  W  N
Y  Y  P  U  F  U  E  J  F  C  L  N  H  E  H  I
Z  Z  X  Ł  C  T  D  Q  A  J  D  A  D  T  G  E
R  Y  R  O  I  U  H  H  Ł  A  S  L  Q  A  U  X
P  R  E  Z  E  N  T  A  C  J  A  N  F  K  E  I
D  S  P  T  W  Ó  R  C  Z  Y  V  Y  R  Ł  P  W
```

DECYZJA
TWÓRCZY
JEDNOSTKI
ŚWIATOWY
PRZEMYSŁ
PRZYCHÓD
INNOWACYJNY
INWESTYCJA
JAKOŚĆ
WYNAGRODZENIE

MOŻLIWOŚĆ
PREZENTACJA
PRODUKT
PROFESJONALNY
REPUTACJA
RYZYKA
TRENDY
POSTĘP
ZATRUDNIENIE
BIZNES

81 - Rijden

```
U Q V U E M P H I B J S V M Ł U
W Z J S Y O G T R O P S N A R T
G M U C G T A G O R D S C P D W
P A V L S O Z X G B U J Y A U G
W R R S G C C I Ę Ż A R Ó W K A
Y P Ę A L Y W O G O R D H C U R
P A B D Ż K I N L I S Ó X M N P
A L W H K L P J E B U H P I W O
D I M U O O E G C P B C O K U L
E W H Y Q A Ś N L Q O O A O M I
K O J Z V O P Ć U V T M L Ł U C
Z R Z S K F N L M T U A A G L J
L I C E N C J A A Ł A S J H I A
K D T I L E L O H Y M H H C C I
M M S P Q G D I G L Y B P I A P
I S Y G V D K X M N U X L B C H
```

SAMOCHÓD
PALIWO
AUTOBUS
GARAŻ
GAZ
MAPA
LICENCJA
SILNIK
MOTOCYKL
WYPADEK

POLICJA
HAMULCE
PRĘDKOŚĆ
ULICA
TUNEL
RUCH DROGOWY
TRANSPORT
PIESZY
CIĘŻARÓWKA
DROGA

82 - Wetenschap

```
S  M  U  I  R  O  T  A  R  O  B  A  L  A  E  S
Ł  J  Y  Ł  J  B  N  Y  Y  E  C  K  A  T  K  K
W  I  H  Z  Q  S  E  A  T  S  N  Y  Q  O  S  A
U  O  A  L  J  E  N  W  T  Ł  A  Z  V  M  P  M
O  T  C  H  S  R  A  B  O  U  V  I  Y  S  E  I
R  C  Y  M  I  W  D  E  F  L  R  F  E  C  R  E
G  Z  R  T  K  A  F  T  A  P  U  A  H  A  Y  N
A  Ą  Y  N  Z  C  I  M  E  H  C  C  Y  J  M  I
N  S  N  D  C  J  K  I  H  Ł  E  Z  J  C  E  A
I  T  F  P  E  A  L  O  I  Z  I  W  H  A  N  Ł
Z  K  D  B  T  D  I  Y  P  I  W  F  Y  T  T  O
M  I  R  X  S  O  M  A  O  A  O  C  N  I  N  Ś
L  P  R  N  Ą  T  A  B  T  C  K  Z  P  W  E  Ć
P  U  S  M  Z  E  T  W  E  R  U  Q  R  A  M  R
D  S  K  I  C  M  W  P  Z  Y  A  X  S  R  C  W
M  I  N  E  R  A  Ł  Y  A  S  N  U  H  G  J  X
```

ATOM
CHEMICZNY
CZĄSTKI
EWOLUCJA
EKSPERYMENT
FAKT
SKAMIENIAŁOŚĆ
DANE
HIPOTEZA
KLIMAT

LABORATORIUM
METODA
MINERAŁY
CZĄSTECZKI
NATURA
FIZYKA
OBSERWACJA
ORGANIZM
NAUKOWIEC
GRAWITACJA

83 - Natuurkunde

```
C U N I W E R S A L N Y M G N A
L Z F M Ł G W N C K R K A V I V
P C Ą I G Ł Y X O H B T S J M B
E H C S F U B G Z S A S A S R U
M E Z P T O R M V Ć Ś O T S Ę G
A M Ą K E E Z K I N L I S X Q C
G I S Ł K L C Ł V C V P T V D G
N C T I H G Ć Z S I N P R M Q E
E Z K Z J A Ś A K I N A H C E M
T N A S O M O G O A Ł U M R O F
Y Y H G H E K S P A N S J A A J
Z Y Ć Ś O N D Ę L G Z W G C T K
M I Z T Ł X Ę U P F P S C B O N
F C M A N O R T K E L E O V M Ł
O F X Y Z K P L S W N A D I H A
E K S P E R Y M E N T M X N X S
```

ATOM	MAGNETYZM
CHAOS	MASA
CHEMICZNY	MECHANIKA
CZĄSTKA	CZĄSTECZKA
GĘSTOŚĆ	SILNIK
ELEKTRON	WZGLĘDNOŚĆ
EKSPERYMENT	PRĘDKOŚĆ
FORMUŁA	EKSPANSJA
GAZ	UNIWERSALNY

84 - Muziekinstrumenten

```
S  Q  T  P  O  K  L  S  I  G  K  V  N  N  A  P
K  B  Ę  B  E  N  G  V  V  I  E  X  B  O  L  E
R  L  Y  D  P  M  U  T  T  O  G  A  F  E  R
Z  K  C  G  H  U  A  G  F  A  E  R  E  O  Z  K
Y  X  L  L  F  Y  Z  N  Z  R  O  N  Z  S  C  U
P  W  I  Ł  K  A  Y  O  D  A  W  Q  R  K  N  S
C  N  Q  W  R  I  R  G  N  O  Q  L  K  A  O  J
E  K  V  I  H  J  P  B  T  E  L  F  S  S  L  A
T  A  M  B  U  R  Y  N  R  X  D  I  D  O  O  K
A  F  K  K  W  W  S  S  Ą  J  G  G  N  X  I  W
S  R  N  J  L  V  N  M  B  K  V  C  E  A  W  Z
L  A  O  H  Y  P  U  L  K  B  A  N  J  O  W  W
W  H  I  T  K  Q  G  V  A  E  E  J  Ó  F  Z  P
H  A  R  M  O  N  I  J  K  A  N  T  B  R  R  S
Y  W  B  O  P  I  A  N  I  N  O  T  O  X  O  G
M  A  R  I  M  B  A  E  U  Q  G  Y  O  K  D  Q
```

BANJO

WIOLONCZELA

FAGOT

FLET

GITARA

GONG

HARFA

OBÓJ

KLARNET

MANDOLINA

MARIMBA

HARMONIJKA

PERKUSJA

PIANINO

SAKSOFON

TAMBURYN

PUZON

BĘBEN

TRĄBKA

SKRZYPCE

85 - Antiek

```
I  D  T  Q  C  S  T  A  R  Y  T  E  U  L  A  K
C  N  E  Y  I  V  V  B  S  G  Q  W  Y  U  U  F
N  T  W  K  D  F  H  Ź  Ł  A  Q  A  Q  R  T  Y
T  V  V  E  O  K  H  E  Ł  L  X  R  H  H  E  O
G  B  G  I  S  R  Q  Z  O  E  J  T  F  O  N  A
F  T  H  C  A  T  A  R  X  R  K  O  N  B  T  J
Ł  H  I  E  T  U  Y  C  E  I  I  Ś  I  Y  Y  G
S  T  Y  L  S  S  K  C  Y  A  Ć  E  N  C  R
B  R  T  U  A  Z  Y  C  J  J  C  U  Z  L  Z  H
W  A  E  T  J  T  J  G  J  A  N  E  W  J  N  C
Ł  A  N  S  Z  U  S  X  E  A  A  Y  Y  A  Y  O
W  U  O  B  U  K  C  E  N  A  G  Z  K  K  F  B
D  W  M  T  T  A  Q  D  Ł  Y  E  G  Ł  O  T  R
V  G  Q  Ł  N  B  Ł  I  Z  K  L  Ł  Y  Ś  C  A
Q  G  V  L  E  B  Z  L  Ł  V  E  D  B  Ć  R  Z
G  Q  C  D  M  E  B  L  E  A  O  H  G  P  P  Y
```

AUTENTYCZNY	MEBLE
RZEŹBA	MONETY
DEKORACYJNY	NIEZWYKŁY
STULECIE	STARY
ELEGANCKI	CENA
GALERIA	OBRAZY
INWESTYCJA	STYL
SZTUKA	AUKCJA
JAKOŚĆ	WARTOŚĆ
ENTUZJASTA	

86 - Activiteiten en Vrije Ti

```
W  P  I  K  M  T  M  A  L  A  R  S  T  W  O  T
P  Ę  W  Y  Ś  C  I  G  I  V  W  J  K  X  A  E
I  K  D  Z  F  O  P  U  J  D  Ę  S  Y  O  N  N
Ł  O  M  K  G  O  L  F  C  W  D  W  Y  P  B  I
K  S  L  L  A  B  E  S  A  B  R  I  C  O  H  S
A  Z  D  V  K  R  E  O  T  R  Ó  P  Ą  D  U  P
N  Y  X  H  W  G  S  W  P  Q  W  F  J  R  M  Ł
O  K  S  N  Ó  V  B  T  H  R  K  N  A  Ó  S  Y
Ż  Ó  L  M  K  G  R  C  W  C  I  U  Ż  Ż  X  W
N  W  U  H  T  P  L  I  S  O  S  V  Ę  R  G  A
A  K  K  S  A  E  I  N  A  W  O  K  R  U  N  N
K  A  H  W  I  Z  K  D  W  O  G  I  P  U  I  I
U  O  O  W  S  Ł  C  O  Q  F  R  R  D  G  P  E
T  H  B  V  Ł  D  Q  R  D  V  D  Y  O  V  M  Y
Z  N  B  H  T  B  Y  G  N  I  F  R  U  S  E  Ł
S  A  Y  C  X  X  Q  O  X  E  H  L  A  H  K  N
```

KOSZYKÓWKA	WYŚCIGI
BOKS	PODRÓŻ
NURKOWANIE	MALARSTWO
GOLF	SURFING
WĘDKARSTWO	TENIS
HOBBY	OGRODNICTWO
BASEBALL	PIŁKA NOŻNA
KEMPING	SIATKÓWKA
SZTUKA	WĘDRÓWKI
ODPRĘŻAJĄCY	PŁYWANIE

87 - Water

```
Ź  G  F  L  R  O  R  D  W  Z  G  E  J  Z  E  R
C  D  Y  P  L  S  Z  K  I  P  E  L  N  G  W  A
M  Z  Ó  H  L  X  Z  E  L  R  I  A  A  Y  I  M
S  F  L  W  Ł  I  L  E  G  Ł  N  F  W  G  L  O
J  E  Z  I  O  R  O  I  O  H  Ś  P  A  P  G  N
G  D  C  I  K  P  T  N  T  J  O  A  D  R  O  S
H  C  Z  H  H  K  Y  A  N  C  B  R  N  Y  T  U
U  T  S  D  O  K  W  W  O  H  N  O  I  S  N  N
R  J  E  A  L  C  B  O  Ś  J  G  W  A  Z  Y  N
A  O  D  C  K  D  E  R  Ć  M  T  Y  N  N  R  X
G  P  Z  I  P  Q  Ł  A  N  A  K  Q  I  I  P  N
A  K  E  Z  R  S  N  P  N  V  Z  A  E  C  S  A
N  M  R  Ó  Z  H  L  W  I  L  G  O  Ć  R  M  L
Q  K  F  E  P  Ł  Ó  T  D  D  C  U  Q  I  V  U
Ł  V  L  N  J  E  D  P  Q  T  C  J  M  A  B  E
C  G  D  P  T  W  T  B  Y  O  O  Q  P  U  H  K
```

PRYSZNIC	POWÓDŹ
GEJZER	DESZCZ
FALE	RZEKA
LÓD	ŚNIEG
NAWADNIANIE	PAROWY
KANAŁ	PAROWANIE
JEZIORO	WILGOĆ
MONSUN	WILGOTNY
OCEAN	WILGOTNOŚĆ
HURAGAN	MRÓZ

88 - Koffie

```
Y  N  V  N  V  T  W  B  U  A  D  O  W  E  M  D
Z  R  B  U  O  I  C  G  O  N  Y  C  I  S  J  A
W  Y  N  R  A  Z  C  U  K  I  E  R  T  N  K  D
F  G  L  R  D  L  H  B  E  E  A  Ł  T  G  B  V
K  I  O  N  A  R  Ł  X  L  F  R  A  J  L  U  M
G  S  L  R  G  N  F  B  M  O  O  N  S  N  I  L
A  P  M  I  Z  J  V  D  C  K  M  E  R  K  G  F
E  L  C  D  Ż  K  K  Q  D  A  A  C  I  E  C  Z
T  U  C  M  K  A  I  A  J  Y  T  A  U  Ł  D  H
M  I  E  L  I  Ć  N  Z  Ó  Ł  G  V  H  V  O  W
K  U  T  U  X  F  B  K  P  S  Y  O  E  A  D  Y
P  I  E  C  Z  O  N  Y  A  P  A  S  L  X  M  I
P  O  C  H  O  D  Z  E  N  I  E  M  F  Q  I  V
U  O  A  H  V  Y  M  Ł  Y  N  Ś  A  W  K  A  B
C  N  E  O  B  E  D  V  R  S  T  K  R  V  N  F
M  Z  E  E  X  V  R  Q  X  I  W  R  C  C  A  X
```

AROMAT	POCHODZENIE
FILIŻANKA	CENA
GORZKI	KREM
KOFEINA	SMAK
NAPÓJ	CUKIER
FILTR	ODMIANA
PIECZONY	CIECZ
MIELIĆ	WODA
MLEKO	KWAŚNY
RANO	CZARNY

89 - Schaken

```
K T X Ł P D O C H G J L A I U H
L L M K H Ł Y U Ł B K I C M K R
P Ó H R U S C G Y C T T G N O E
S R U K N O K I N W I C E Z R P
C K Z J X L B Z B S Z S U L P U
Z E C E W F U G I X H T A W U G
A I A I K Z A S A D Y R Q Y N Z
R N R N W Ą M C R N Ł A E Z K R
N E G R J Y T Y G B A T L W T C
Y C B U P G F N U I I E A A Y Z
E Ę G T Y U C T A E B G Z N E A
M I S T R Z V Y X R Y I Y I L S
A W O L Ó R K R P N Y A H A K U
M Ś O K H N H P E Y D Ł Z V Z L
M O Q B X S E S G B M D O P S S
Y P K G D M M Y I R P E A W K B
```

PRZEKĄTNA	GRACZ
MISTRZ	STRATEGIA
KRÓL	PRZECIWNIK
KRÓLOWA	CZAS
POŚWIĘCENIE	TURNIEJ
BIERNY	WYZWANIA
PUNKTY	KONKURS
ZASADY	BIAŁY
SPRYTNY	CZARNY
GRA	

90 - Boerderij #1

```
R K G B K S M Ś W Y Y S I O K I
C Y Y M O N F W C O F B D S S T
P I E S Ń Z F I B J D A A I I X
K U R C Z A K N V W Y A A O W B
O C I E L Ę N I A N O R W Ł R T
W G E Ł O P A A W Ł K T O F L R
T L R W Ł O W K O T O N A I S Y
C S V O O L Ó Ł R C A Z O K U Ż
I F Y U D E Z W K F N R C P D E
N I F D S Z B R K Q O C S Z U O
L D U D R W E G V C I X Y G S L
O M F D U X R N T F S O O L V P
R L W Q W O I U I T A U G F X U
I Ł Z G R M M M F E N Ł Q C R X
V X Q D B S D E V S E N J X F P
Q M I Ó D V Z D F E R M B J H T
```

PSZCZOŁA	KROWA
OSIOŁ	WRONA
KOZA	ROLNICTWO
OGRODZENIE	NAWÓZ
PIES	KOŃ
MIÓD	RYŻ
SIANO	ŚWINIA
CIELĘ	POLE
KOT	WODA
KURCZAK	NASIONA

91 - Huis

```
O R M A Q F E M K L R W K T P G
E J K U B R S F W E A U U G I X
B L B G Ł T G Q V O K M Y R W K
J I H B I H F G J Y M R P S N U
F Z B F G Q D E Ł M P Ł T A I C
G I G L S Y P I A L N I A B C H
A Ł Ś R I P O K Ó J M I S D A N
R H C A D O R T S U L I M Ł W I
A U I I R R T X K T N F Ł O J A
Ż E A R T G Z E L B E M N X K M
C Ł N A W Y D G K E N I M O K I
T A A D K I A K K A S U F I T O
K H R C W W M Z E E C P J U Ł T
O G R O D Z E N I E K P L A Ł Ł
R I E E Z R P R Y S Z N I C T A
D L Ł V C D Ó R G O N H V K X Z
```

MIOTŁA	KUCHNIA
BIBLIOTEKA	LAMPA
DACH	MEBLE
DRZWI	ŚCIANA
PRYSZNIC	SUFIT
GARAŻ	KOMIN
KOMINEK	SYPIALNIA
OGRODZENIE	LUSTRO
POKÓJ	DYWAN
PIWNICA	OGRÓD

92 - Geometrie

```
P M Ć W S L T M T R B G B Ł P P
S R Ś L Y G H A Ą Ł M X B V O I
Y Ś O L K M X S K C Z Ł O N Z O
M R K S G Ą I A J U H S P X I N
E E O D T E T A Ó O A S E O O O
T D S Ł L O L D R A D W T D M W
R N Y N Ł D P E T N W H C A Y Y
I I W R R N P A R Ó W N A N I E
A C T E O R I A D K Z S K A D U
W A R E L S T J L Ł W X I I Ł Q
T O B L I C Z E Ń X Y R G D E P
P O W I E R Z C H N I A O E C W
R Ó W N O L E G Ł Y S I L M B M
S H T Z I F F Ł K R Z Y W A T D
E M A N F Y S Ł Ł S B T S X T B
I Q R X P Y X Ł K O Ł O H M V R
```

OBLICZEŃ	PROSTOPADŁY
KOŁO	MASA
KRZYWA	MEDIANA
ŚREDNICA	POWIERZCHNIA
WYMIAR	RÓWNOLEGŁY
TRÓJKĄT	CZŁON
KĄT	SYMETRIA
WYSOKOŚĆ	TEORIA
POZIOMY	RÓWNANIE
LOGIKA	PIONOWY

93 - Jazz

```
Q N G A K N E S O I P S T A R Y
Ł O A K R U N T L N Ł F Z J V W
O R T Y J T N E L A T E Y C E O
F T U Z P Z Y Z G R W G I Y A N
H X N U W W C S F L K I I Z A F
N R E M T Y R K T D Q H M O N Y
Z A K H N F G O B A R O P P K G
O Ł C I F N A N T A I A R M O E
R Q P I E U L C B Y Z S O O M L
K V I K S P B E Ł O N F W K P S
I Y J S O K U R E N I E I D O S
E Y I A C J M T C B P J Z R Z Ł
S Q H L Y T S K O I R H A J Y A
T C S K Ł Z D A K I N H C E T W
R E N O I B U L U F S M J D O N
A G N F D Y E V U D T R A B R Y
```

ALBUM	MUZYKA
OKLASKI	NACISK
ARTYSTA	NOWY
SŁAWNY	ORKIESTRA
KOMPOZYTOR	STARY
KONCERT	RYTM
ULUBIONE	KOMPOZYCJA
GATUNEK	STYL
IMPROWIZACJA	TALENT
PIOSENKA	TECHNIKA

94 - Getallen

```
R U O Y T R B R T G N Q F Ł D I
Q Y R S P R U G F R L Y G Y Ł L
F Q E C I Y G N D L Z R D Y H Z
S D Z H N E D E J Ł X Y K U W V
R T X O Ł E M E I S O R K Z N Q
E D W A R D Y N D Z I E W I Ę Ć
A I C Ś E I Z D A W D T S P M T
U L E X D Q M I W Ś B Z U I A R
B Q F P R R E M E R C C J Ę T Z
E Q U Ł I P I Ę Ć S Y I J T E Y
S Z E S N A Ś C I E I G E N M N
S Z E Ś Ć S I E D E M Ę H A A A
S I E D E M N A Ś C I E Ć Ś T Ś
U D W A N A Ś C I E P C J C Y C
C Z T E R N A Ś C I E G Z I K I
X S M U U T Q J Ł S N C Q E A E
```

OSIEM	DWADZIEŚCIA
OSIEMNAŚCIE	CZTERNAŚCIE
TRZYNAŚCIE	CZTERY
TRZY	PIĘĆ
JEDEN	PIĘTNAŚCIE
DZIEWIĘĆ	MATEMATYKA
ZERO	SZEŚĆ
DZIESIĘĆ	SZESNAŚCIE
DWANAŚCIE	SIEDEM
DWA	SIEDEMNAŚCIE

95 - Boerderij #2

```
Ł  K  N  K  W  C  C  G  I  U  K  Q  E  L  E  D
Ą  C  X  B  K  P  K  R  V  L  W  N  H  I  R  R
K  U  I  E  I  N  A  I  N  D  A  W  A  N  J  O
A  O  D  Ą  C  Z  R  S  L  A  Z  E  F  J  A  L
C  Z  Q  V  G  E  T  S  T  S  O  T  V  Ę  G  N
C  D  F  V  B  N  A  A  N  E  Y  A  M  C  N  I
M  W  D  R  T  R  I  X  U  Ł  R  Z  K  Z  I  K
N  O  Y  K  Ą  J  W  K  L  C  C  Z  U  M  Ę  J
H  O  W  Y  Z  R  A  W  A  E  L  M  K  I  Q  Z
N  O  Z  B  R  U  S  Q  M  O  E  I  U  E  W  X
L  K  G  R  E  M  D  S  A  P  N  E  R  Ń  B  H
Y  X  A  C  I  N  E  Z  S  P  G  L  Y  N  P  E
Q  D  C  C  W  U  S  H  N  G  N  V  D  T  A  X
X  T  W  O  Z  L  X  K  D  E  P  K  Z  T  V  Y
Y  E  C  W  O  K  E  L  M  R  G  E  A  U  K  E
Y  F  D  O  Ł  W  A  Ł  O  D  O  T  S  G  T  Y
```

UL	JAGNIĘ
ROLNIK	LAMA
SAD	KUKURYDZA
ZWIERZĄT	MLEKO
KACZKA	OWCE
OWOC	STODOŁA
JĘCZMIEŃ	PSZENICA
WARZYWO	CIĄGNIK
PASTERZ	ŁĄKA
NAWADNIANIE	WIATRAK

96 - Psychologie

```
P D R Z E C Z Y W I S T O Ś Ć C
R Z O S A Z A F A C K Y J J U P
O P G Ś K L I N I C Z N Y P K O
B Q E Y W Y Ł P W I I B E W R Z
L U D F J I S P O T K A N I E N
E Z E E I N A G E Z R T S O P A
M T F W Q U R D J B B S X T E N
M A R Z E N I A C Z X K Ł X I I
O V Ł Y N M O T Y Z R P E I N E
E Ł U C Z U C I E E U C Ł A J
K O N F L I K T L P D N E Z W C
O V I A Y J N V Ś V Q S I S O O
L R A A O Y L S Y Z S J J A H M
T E R A P I A D M O C E N A C E
D Z I E C I Ń S T W O P Y J A P
O S O B O W O Ś Ć T A F E Y Z O
```

SPOTKANIE	ZACHOWANIE
OCENA	UCZUCIE
NIEPRZYTOMNY	WPŁYWY
POZNANIE	DZIECIŃSTWO
KONFLIKT	KLINICZNY
MARZENIA	POSTRZEGANIE
EGO	OSOBOWOŚĆ
EMOCJE	PROBLEM
DOŚWIADCZENIA	RZECZYWISTOŚĆ
MYŚLI	TERAPIA

97 - Zakelijk

```
Ż  A  D  E  Z  R  P  S  E  P  K  Y  C  A  N  B
I  Y  K  Q  H  M  A  E  Q  D  O  V  G  W  U  X
B  G  O  A  M  T  P  B  B  K  P  D  F  O  G  E
R  T  U  J  Q  I  Q  Ł  A  U  R  Ó  A  M  B  Z
A  C  L  C  V  D  Q  U  U  T  A  H  P  T  K  D
T  R  A  N  S  A  K  C  J  A  C  C  R  E  K  Ą
F  P  T  J  M  B  F  M  U  R  O  O  A  Ż  S  I
W  A  O  M  M  I  I  C  T  E  W  D  C  D  Y  N
W  K  B  F  U  U  R  Ł  Ł  I  N  I  O  U  Z  E
A  M  B  R  S  R  M  L  E  R  I  B  D  B  A  I
L  T  Ł  A  Y  O  A  P  B  A  K  M  A  Z  R  P
U  A  A  V  Q  K  G  R  K  K  O  J  W  M  V  N
T  Z  S  O  K  C  A  L  M  U  F  J  C  F  M  D
A  B  F  I  N  A  N  S  E  N  O  A  A  N  U  T
E  K  O  N  O  M  I  A  R  F  Y  D  P  Z  L  B
I  N  W  E  S  T  Y  C  J  A  S  K  L  E  P  U
```

FIRMA	BIURO
BUDŻET	RABAT
PODATKI	KOSZT
KARIERA	TRANSAKCJA
EKONOMIA	WALUTA
FABRYKA	SPRZEDAŻ
FINANSE	PRACODAWCA
PIENIĄDZE	PRACOWNIK
DOCHÓD	SKLEP
INWESTYCJA	ZYSK

98 - Voeding

```
O G H W D O Z W L O M U M W B G
Q A V H P E D E I R O L A K I N
V Ł M E I M R F C T U A B P A Q
L V M Q O D O Ł M W A X G Z Ł A
S E I N E I W A R T N M M B K K
K Ł V D O I I Z G R Y W I G A B
R O Z V I B E N Ć Q S U Z N R M
Ł J E N K A M S Ś X K O X F A P
H G H R Z G P Q O X O Q K G B M
B Y A W R A M I K S T M K C X N
W Ę G L O W O D A N Y D I E T A
H U F Ł G X J A J A P E T Y T Ł
S H D Q Z G P R Z Y P R A W Y C
Z R Ó W N O W A Ż O N Y N Y Ł P
F E R M E N T A C J A S F O D G
T H D J A D A L N Y W O R D Z G
```

GORZKI
KALORIE
DIETA
JADALNY
APETYT
BIAŁKA
ZRÓWNOWAŻONY
FERMENTACJA
WAGA
ZDROWY

ZDROWIE
WĘGLOWODANY
JAKOŚĆ
SOS
SMAK
PRZYPRAWY
TRAWIENIE
TOKSYNA
WITAMINA
PŁYNY

99 - Chemie

```
K C Y T V B X S M O O Ł P E I C
A I G H T Q C Ł Z R T R O L H C
T A Ł J T J Y C D G E Ó C E E H
A K L E I G Ę W E A M D Z K Z R
L I W G L S D L S N P O Ą T Q T
I W X A W A G A L I E W S R H Z
Z P F A S Y T Z F C R C T O W C
A K U J J G C E F Z A L E N S W
T X T R O A J D M N T V C E N T
O B Q O N Z G C L Y U W Z L F H
R E N Z Y M C O Y J R W K T U C
R J S Ł F A B E U Y A D A D D S
N L P F Q I K X I N L D I I Z Y
R C Y V L A Y N Z C I L A K L A
V V P H P C D Ł S P C L S Ó L I
S T J F V S R E A K C J A P R K
```

ALKALICZNY	CZĄSTECZKA
CHLOR	ORGANICZNY
ELEKTRON	REAKCJA
ENZYM	TEMPERATURA
GAZ	CIECZ
WAGA	CIEPŁO
JON	WODÓR
KATALIZATOR	SÓL
WĘGIEL	KWAS
METALE	TLEN

1 - Metingen

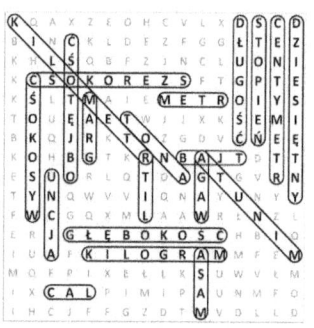

2 - Opwarming van de Aarde

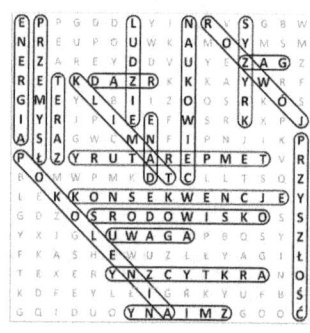

3 - Keuken

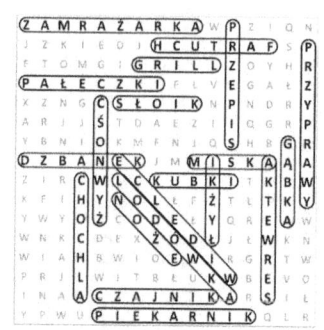

4 - Boten

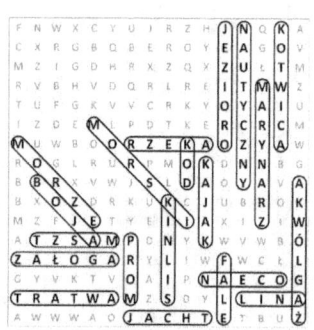

5 - Chocolade

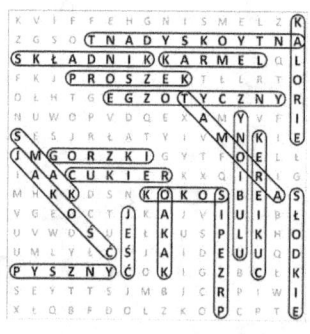

6 - Gezondheid en Welzijn #2

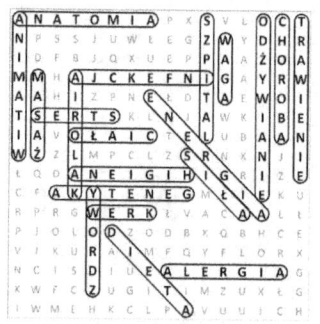

7 - Tijd

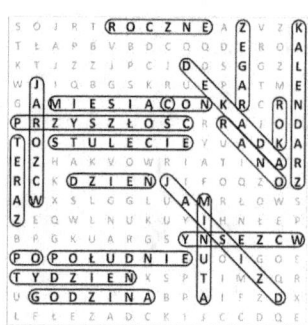

8 - Meditatie

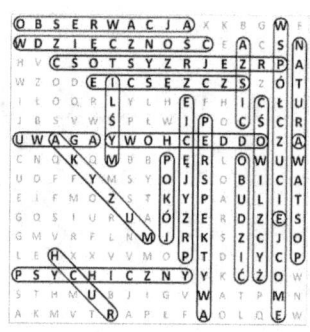

9 - Muziek

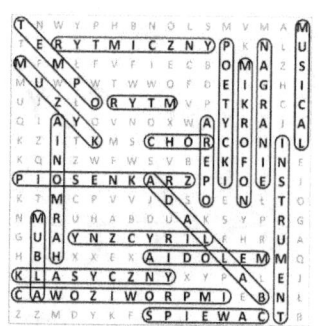

10 - Vogels

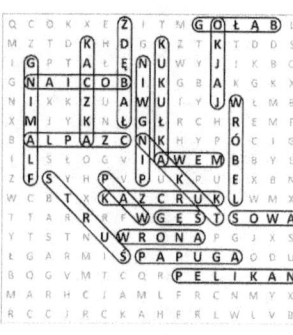

11 - Wiskunde

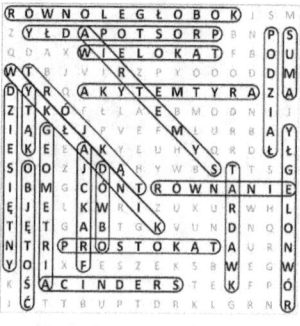

12 - Gezondheid en Welzijn #1

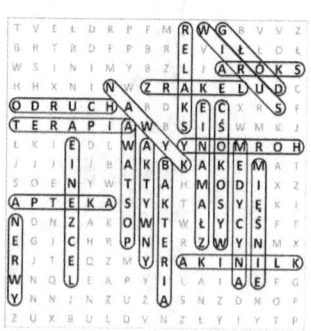

13 - Camping

14 - Algebra

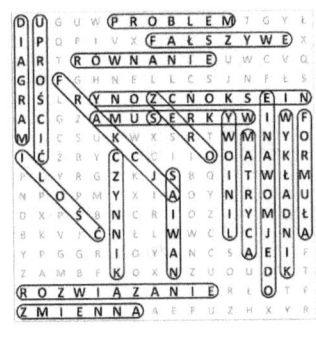

15 - Activiteiten

16 - Vormen

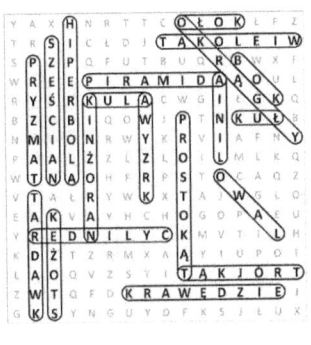

17 - Diplomatie

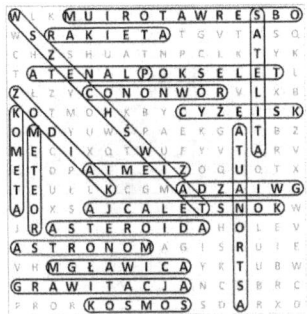

18 - Astronomie

19 - Vakantie #2

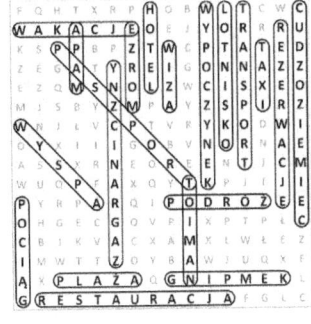

20 - Weersomstandigh

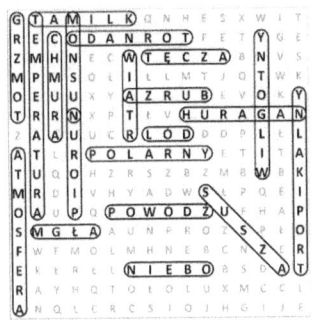

21 - Eten #2

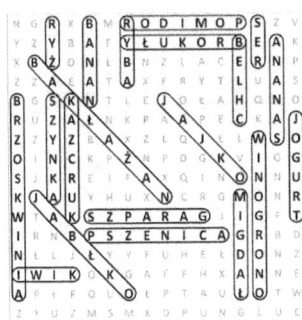

22 - Restaurant #1

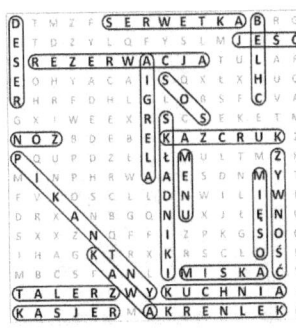

23 - Geologie

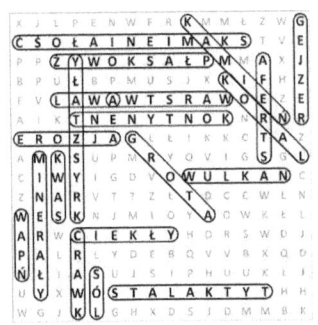

24 - Specerijen

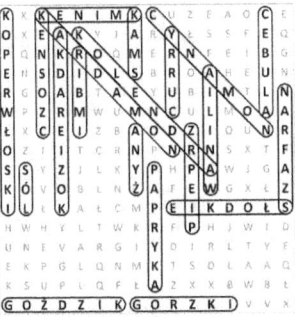

25 - Groenten

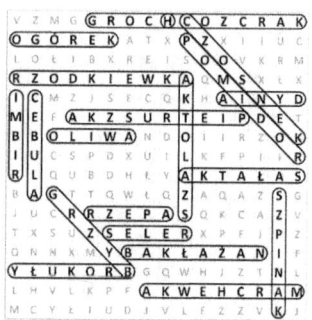

26 - Archeologie

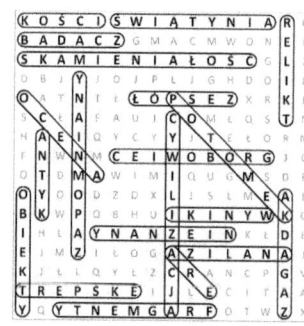

27 - Dans

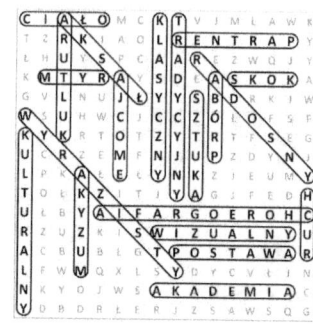

28 - Ziekte

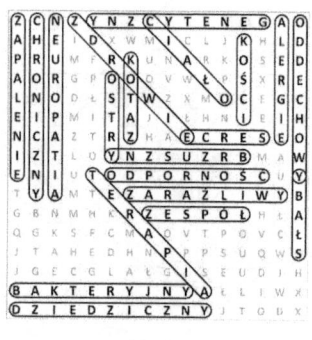

29 - Mythologie

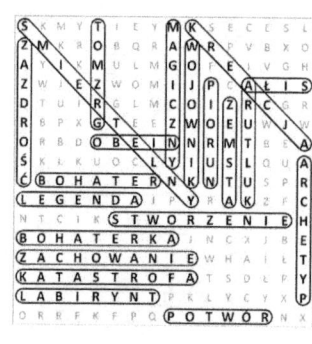

30 - Eten #1

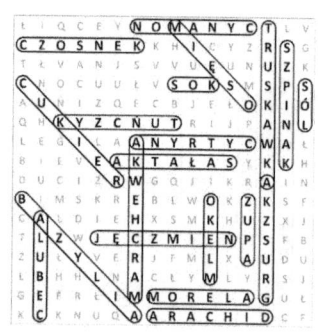

31 - Restaurant #2

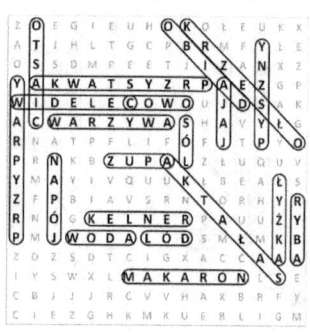

32 - De Media

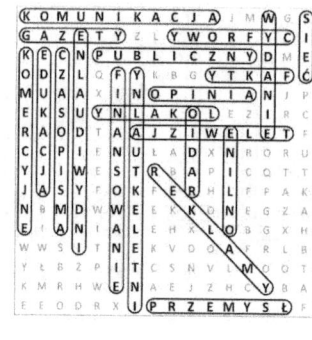

33 - Bijen

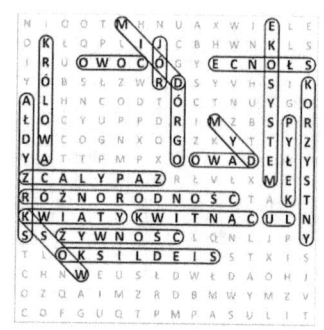

34 - Wandelen

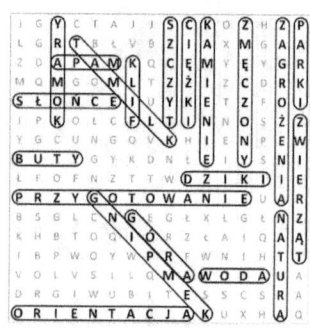

35 - Ecologie

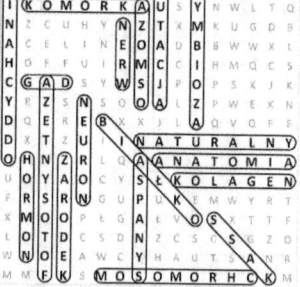

36 - Biologie

37 - Landen #1

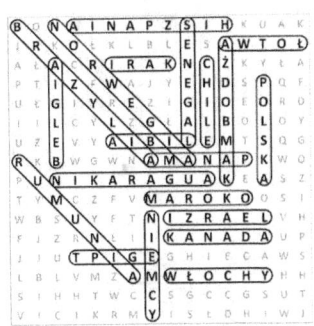

38 - Installaties

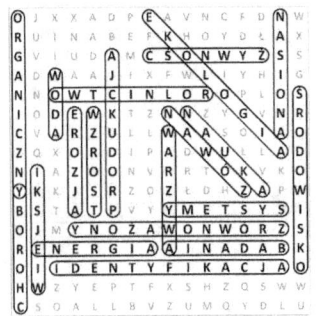

39 - Agronomie

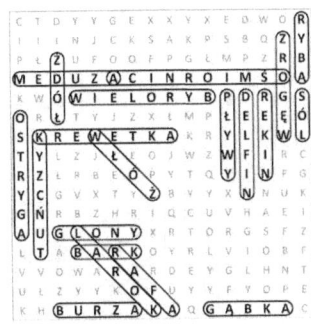

40 - Oceaan

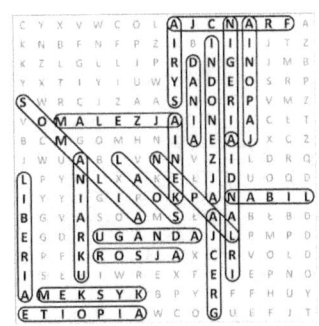

41 - Landen #2

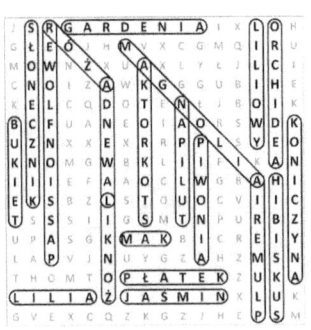

42 - Bloemen

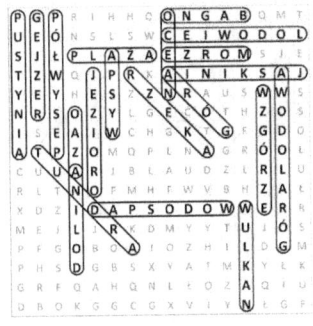

43 - Landschappen

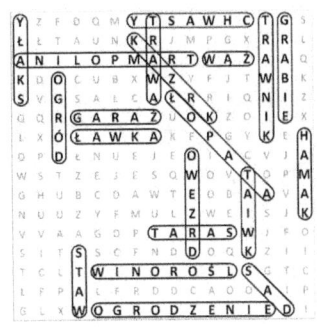

44 - Tuin

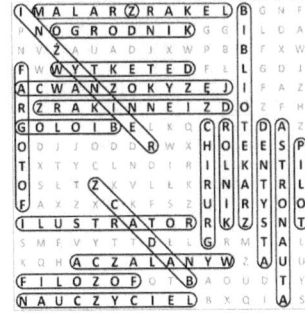

45 - Beroepen #2

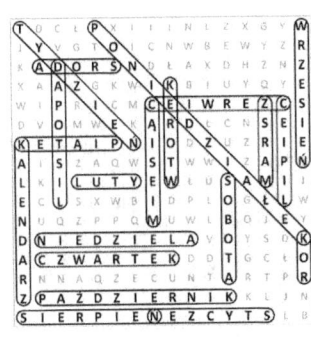

46 - Dagen en Maanden

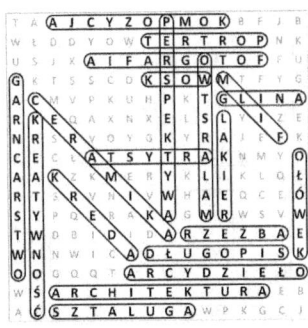

47 - Beeldende Kunsten

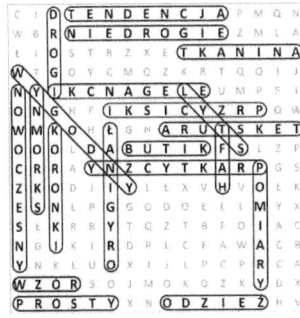

48 - Mode

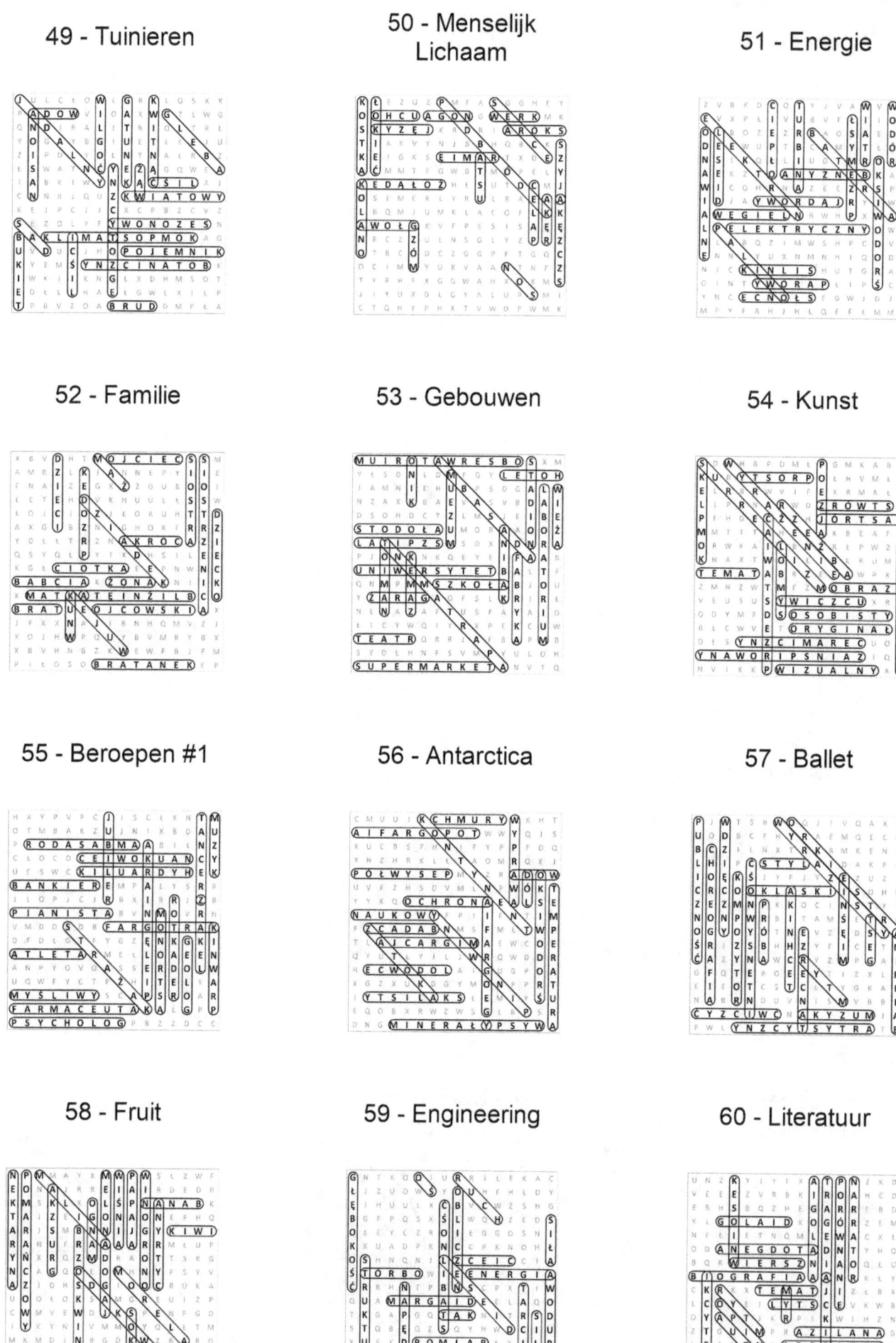

49 - Tuinieren

50 - Menselijk Lichaam

51 - Energie

52 - Familie

53 - Gebouwen

54 - Kunst

55 - Beroepen #1

56 - Antarctica

57 - Ballet

58 - Fruit

59 - Engineering

60 - Literatuur

61 - Boeken

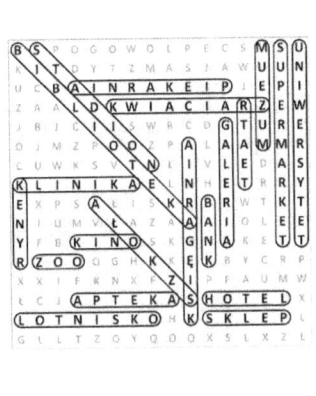

62 - Meer Informatie

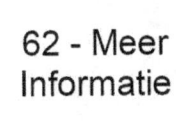
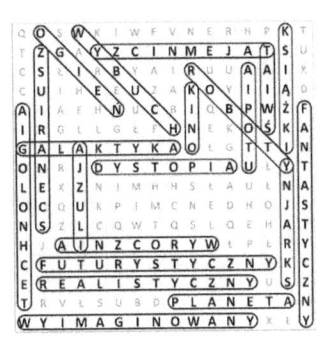

63 - Haartypes

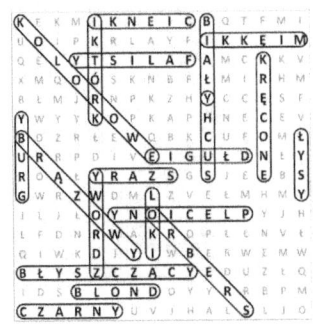

64 - Stad

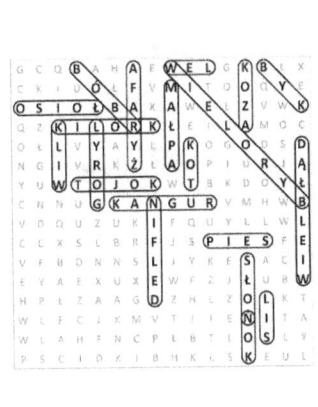

65 - Creativiteit

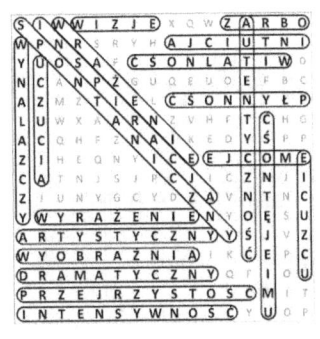

66 - Natuur

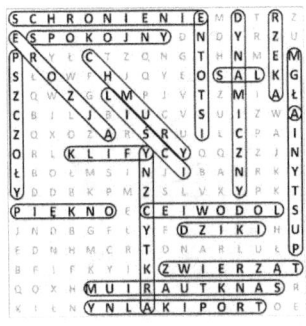

67 - Zoogdieren

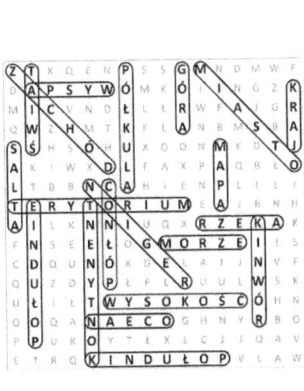

68 - Overheid

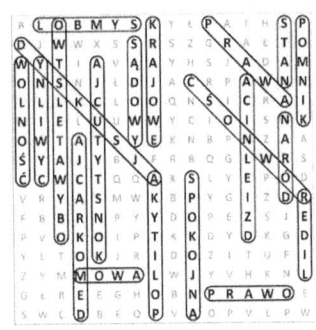

69 - Voertuigen

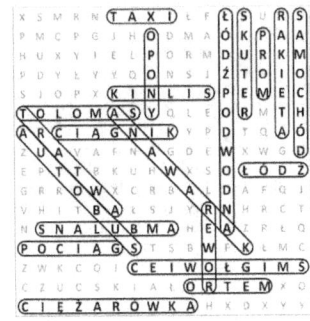

70 - Geografie

71 - Kunstbenodigdhe

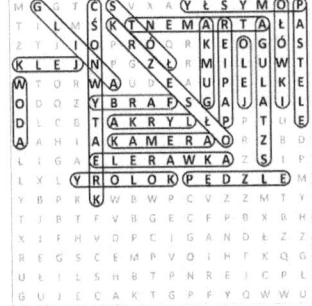

72 - Barbecues

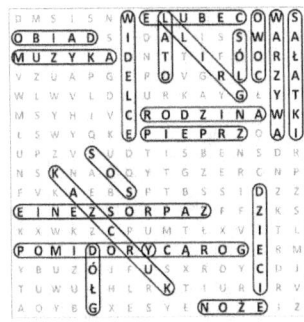

73 - Schoonheid

74 - Wetenschappelijk

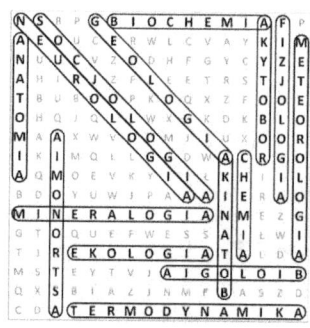

75 - Bijvoeglijke Naamwoorden

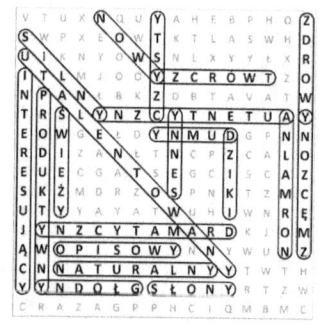

76 - Kleding

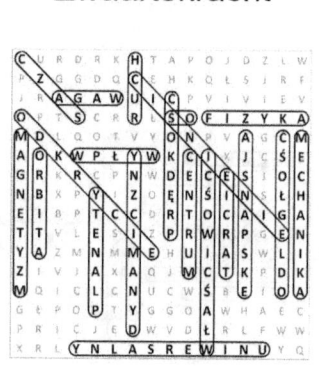

77 - Vliegtuigen

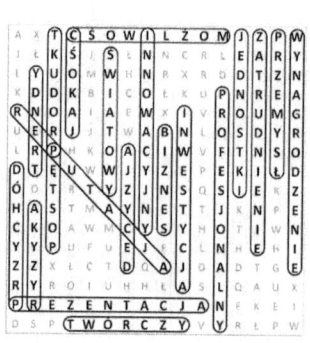

78 - Herbalisme

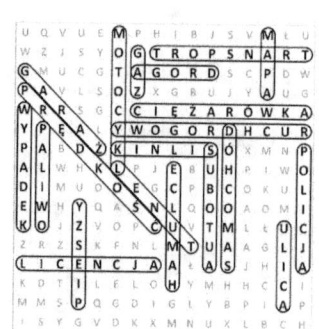

79 - Kracht en Zwaartekracht

80 - Het Bedrijf

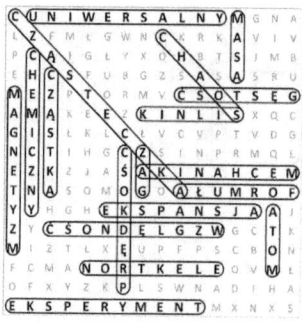

81 - Rijden

82 - Wetenschap

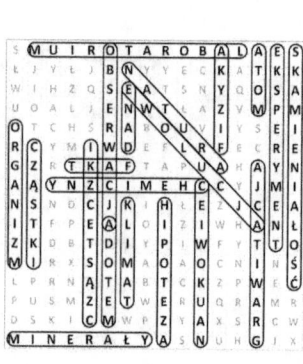

83 - Natuurkunde

84 - Muziekinstrument

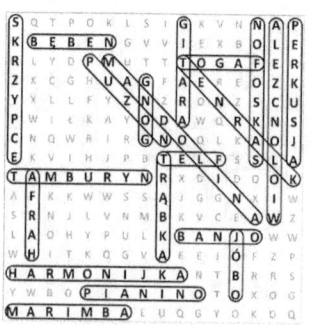

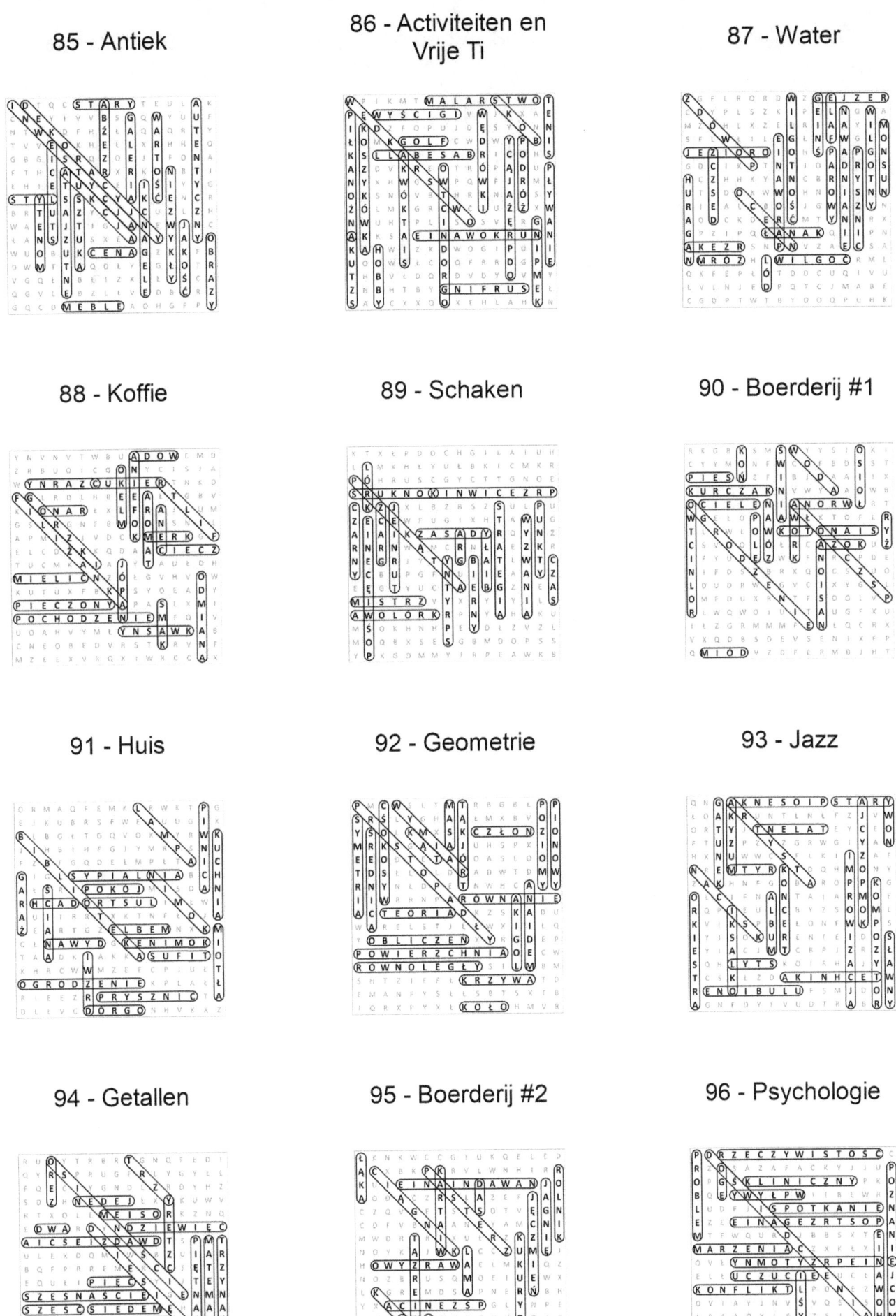

85 - Antiek

86 - Activiteiten en Vrije Ti

87 - Water

88 - Koffie

89 - Schaken

90 - Boerderij #1

91 - Huis

92 - Geometrie

93 - Jazz

94 - Getallen

95 - Boerderij #2

96 - Psychologie

97 - Zakelijk

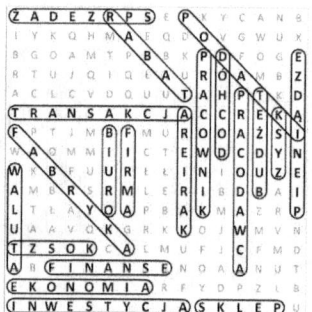

98 - Voeding

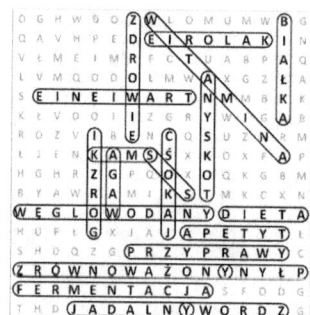

99 - Chemie

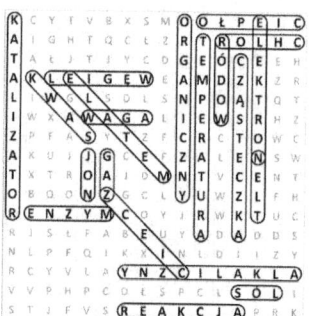

Woordenboek

Activiteiten
Działalność

Activiteit	Działalność
Ambachten	Rzemiosła
Dansen	Taniec
Fotografie	Fotografia
Games	Gry
Hengelsport	Wędkarstwo
Jacht	Polowanie
Kamperen	Kemping
Keramiek	Ceramika
Kunst	Sztuka
Lezen	Czytanie
Magie	Magia
Naaien	Szycie
Ontspanning	Relaks
Plezier	Przyjemność
Puzzels	Zagadki
Tuinieren	Ogrodnictwo
Vaardigheid	Umiejętność
Vrije Tijd	Wypoczynek
Wandelen	Wędrówki

Activiteiten en Vrije Ti
Aktywność i Wypoczynek

Basketbal	Koszykówka
Boksen	Boks
Duiken	Nurkowanie
Golf	Golf
Hengelsport	Wędkarstwo
Hobby	Hobby
Honkbal	Baseball
Kamperen	Kemping
Kunst	Sztuka
Ontspannen	Odprężający
Racen	Wyścigi
Reis	Podróż
Schilderij	Malarstwo
Surfen	Surfing
Tennis	Tenis
Tuinieren	Ogrodnictwo
Voetbal	Piłka Nożna
Volleybal	Siatkówka
Wandelen	Wędrówki
Zwemmen	Pływanie

Agronomie
Agronomia

Duurzaam	Zrównoważony
Ecologie	Ekologia
Energie	Energia
Erosie	Erozja
Groei	Wzrost
Groente	Warzywa
Identificatie	Identyfikacja
Landbouw	Rolnictwo
Landelijk	Wiejski
Mest	Nawóz
Omgeving	Środowisko
Onderzoek	Badania
Organisch	Organiczny
Productie	Produkcja
Systemen	Systemy
Voedsel	Żywność
Water	Woda
Wetenschap	Nauka
Zaden	Nasiona
Ziekten	Choroby

Algebra
Algebra

Aftrekken	Odejmowanie
Diagram	Diagram
Exponent	Wykładnik
Factor	Czynnik
Formule	Formuła
Fractie	Frakcja
Grafiek	Wykres
Haakje	Nawias
Hoeveelheid	Ilość
Lineair	Liniowy
Matrix	Matryca
Nul	Zero
Oneindig	Nieskończony
Oplossing	Rozwiązanie
Probleem	Problem
Som	Suma
Vals	Fałszywe
Variabele	Zmienna
Vereenvoudigen	Uprościć
Vergelijking	Równanie

Antarctica
Antarktyda

Baai	Zatoka
Behoud	Ochrona
Continent	Kontynent
Eilanden	Wyspy
Expeditie	Wyprawa
Geografie	Geografia
Gletsjers	Lodowce
Ijs	Lód
Migratie	Migracja
Mineralen	Minerały
Omgeving	Środowisko
Onderzoeker	Badacz
Pinguïn	Pingwiny
Rotsachtig	Skalisty
Schiereiland	Półwysep
Temperatuur	Temperatura
Topografie	Topografia
Water	Woda
Wetenschappelijk	Naukowy
Wolken	Chmury

Antiek
Antyki

Authentiek	Autentyczny
Beeldhouwwerk	Rzeźba
Decoratief	Dekoracyjny
Eeuw	Stulecie
Elegant	Elegancki
Galerij	Galeria
Investering	Inwestycja
Kunst	Sztuka
Kwaliteit	Jakość
Liefhebber	Entuzjasta
Meubilair	Meble
Munten	Monety
Ongewoon	Niezwykły
Oud	Stary
Prijs	Cena
Schilderijen	Obrazy
Stijl	Styl
Veiling	Aukcja
Verzamelaar	Kolekcjoner
Waarde	Wartość

Archeologie
Archeologia

Analyse	Analiza
Beschaving	Cywilizacja
Bevindingen	Wyniki
Botten	Kości
Deskundige	Ekspert
Evaluatie	Ocena
Fossiel	Skamieniałość
Fragmenten	Fragmenty
Graf	Grobowiec
Mysterie	Zagadka
Nakomeling	Potomek
Objecten	Obiekty
Onbekend	Nieznany
Onderzoeker	Badacz
Oudheid	Antyk
Relikwie	Relikt
Team	Zespół
Tempel	Świątynia
Tijdperk	Era
Vergeten	Zapomniany

Astronomie
Astronomia

Aarde	Ziemia
Asteroïde	Asteroida
Astronaut	Astronauta
Astronoom	Astronom
Dierenriem	Zodiak
Equinox	Równonoc
Komeet	Kometa
Kosmos	Kosmos
Maan	Księżyc
Meteoor	Meteor
Nevel	Mgławica
Observatorium	Obserwatorium
Planeet	Planeta
Raket	Rakieta
Satelliet	Satelita
Ster	Gwiazda
Sterrenbeeld	Konstelacja
Telescoop	Teleskop
Universum	Wszechświat
Zwaartekracht	Grawitacja

Ballet
Balet

Applaus	Oklaski
Artistiek	Artystyczny
Ballerina	Balerina
Choreografie	Choreografia
Componist	Kompozytor
Dansers	Tancerze
Expressief	Wyrazisty
Gebaar	Gest
Intensiteit	Intensywność
Muziek	Muzyka
Orkest	Orkiestra
Praktijk	Ćwiczyć
Publiek	Publiczność
Repetitie	Próba
Ritme	Rytm
Sierlijk	Wdzięczny
Spieren	Mięśnie
Stijl	Styl
Techniek	Technika
Vaardigheid	Umiejętność

Barbecues
Grillowanie

Diner	Obiad
Familie	Rodzina
Fruit	Owoc
Grill	Grill
Groente	Warzywa
Heet	Gorący
Honger	Głód
Kinderen	Dzieci
Kip	Kurczak
Messen	Noże
Muziek	Muzyka
Peper	Pieprz
Salades	Sałatki
Saus	Sos
Tomaten	Pomidory
Uien	Cebule
Uitnodiging	Zaproszenie
Vorken	Widelce
Zomer	Lato
Zout	Sól

Beeldende Kunsten
Sztuki Wizualne

Aardewerk	Garncarstwo
Architectuur	Architektura
Artiest	Artysta
Beeldhouwwerk	Rzeźba
Creativiteit	Kreatywność
Ezel	Sztaluga
Film	Film
Foto	Fotografia
Keramiek	Ceramika
Klei	Glina
Krijt	Kreda
Meesterwerk	Arcydzieło
Pen	Długopis
Perspectief	Perspektywa
Portret	Portret
Potlood	Ołówek
Samenstelling	Kompozycja
Schilderij	Malarstwo
Vernis	Lakier
Was	Wosk

Beroepen #1
Zawody # 1

Advocaat	Prawnik
Ambassadeur	Ambasador
Apotheker	Farmaceuta
Astronoom	Astronom
Atleet	Atleta
Bankier	Bankier
Brandweerman	Strażak
Cartograaf	Kartograf
Danser	Tancerz
Dokter	Lekarz
Editor	Redaktor
Geoloog	Geolog
Jager	Myśliwy
Juwelier	Jubiler
Loodgieter	Hydraulik
Muzikant	Muzyk
Pianist	Pianista
Psycholoog	Psycholog
Verpleegster	Pielęgniarka
Wetenschapper	Naukowiec

Beroepen #2
Zawody # 2

Arts	Lekarz
Astronaut	Astronauta
Bibliothecaris	Bibliotekarz
Bioloog	Biolog
Boer	Rolnik
Chirurg	Chirurg
Detective	Detektyw
Filosoof	Filozof
Fotograaf	Fotograf
Illustrator	Ilustrator
Ingenieur	Inżynier
Journalist	Dziennikarz
Leraar	Nauczyciel
Linguïst	Językoznawca
Onderzoeker	Badacz
Piloot	Pilot
Schilder	Malarz
Tandarts	Dentysta
Tuinman	Ogrodnik
Uitvinder	Wynalazca

Bijen
Pszczoły

Bestuiver	Zapylacz
Bijenkorf	Ul
Bloemen	Kwiaty
Bloesem	Kwitnąć
Diversiteit	Różnorodność
Ecosysteem	Ekosystem
Fruit	Owoc
Habitat	Siedlisko
Honing	Miód
Insect	Owad
Koningin	Królowa
Rook	Dym
Stuifmeel	Pyłek
Tuin	Ogród
Vleugels	Skrzydła
Voedsel	Żywność
Voordelig	Korzystny
Was	Wosk
Zon	Słońce
Zwerm	Rój

Bijvoeglijke Naamwoorden
Przymiotniki # 1

Aantrekkelijk	Atrakcyjny
Actief	Aktywny
Ambitieus	Ambitny
Aromatisch	Aromatyczny
Artistiek	Artystyczny
Belangrijk	Ważny
Diep	Głęboki
Donker	Ciemny
Dun	Cienki
Eerlijk	Uczciwy
Exotisch	Egzotyczny
Identiek	Identyczny
Jong	Młody
Lang	Długie
Langzaam	Powoli
Modern	Nowoczesny
Onschuldig	Niewinny
Perfect	Doskonały
Waardevol	Cenny
Zwaar	Ciężki

Bijvoeglijke Naamwoorden
Przymiotniki # 2

Authentiek	Autentyczny
Begaafd	Utalentowany
Beschrijvend	Opisowy
Creatief	Twórczy
Dramatisch	Dramatyczny
Gezond	Zdrowy
Hongerig	Głodny
Interessant	Interesujący
Moe	Zmęczony
Natuurlijk	Naturalny
Nieuw	Nowy
Normaal	Normalna
Productief	Produktywny
Slaperig	Senny
Sterk	Silny
Trots	Dumny
Vers	Świeży
Wild	Dziki
Zout	Słony
Zuiver	Czysty

Biologie
Biologia

Ademhaling	Oddychanie
Anatomie	Anatomia
Cel	Komórka
Chromosoom	Chromosom
Collageen	Kolagen
Eiwit	Białko
Embryo	Zarodek
Enzym	Enzym
Evolutie	Ewolucja
Fotosynthese	Fotosynteza
Hormoon	Hormon
Mutatie	Mutacja
Natuurlijk	Naturalny
Neuron	Neuron
Osmose	Osmoza
Reptiel	Gad
Symbiose	Symbioza
Synaps	Synapsa
Zenuw	Nerw
Zoogdier	Ssak

Bloemen
Kwiaty

Bloemblad	Płatek
Boeket	Bukiet
Gardenia	Gardenia
Hibiscus	Hibiskus
Jasmijn	Jaśmin
Klaver	Koniczyna
Lavendel	Lawenda
Lelie	Lilia
Lila	Liliowy
Madeliefje	Stokrotka
Magnolia	Magnolia
Narcis	Żonkil
Orchidee	Orchidea
Papaver	Mak
Passiebloem	Passionflower
Pioenroos	Piwonia
Plumeria	Plumeria
Roos	Róża
Tulp	Tulipan
Zonnebloem	Słonecznik

Boeken
Książki

Auteur	Autor
Avontuur	Przygoda
Bladzijde	Strona
Collectie	Kolekcja
Context	Kontekst
Dualiteit	Dualizm
Episch	Epicki
Gedicht	Wiersz
Geschreven	Pisemny
Historisch	Historyczny
Humoristisch	Humorystyczny
Inventief	Wynalazczy
Lezer	Czytelnik
Literair	Literacki
Poëzie	Poezja
Relevant	Istotne
Roman	Powieść
Tragisch	Tragiczny
Verhaal	Historia
Verteller	Narrator

Boerderij #1
Gospodarstwo #1

Bij	Pszczoła
Ezel	Osioł
Geit	Koza
Hek	Ogrodzenie
Hond	Pies
Honing	Miód
Hooi	Siano
Kalf	Cielę
Kat	Kot
Kip	Kurczak
Koe	Krowa
Kraai	Wrona
Landbouw	Rolnictwo
Mest	Nawóz
Paard	Koń
Rijst	Ryż
Varken	Świnia
Veld	Pole
Water	Woda
Zaden	Nasiona

Boerderij #2
Gospodarstwo #2

Bijenkorf	Ul
Boer	Rolnik
Boomgaard	Sad
Dieren	Zwierząt
Eend	Kaczka
Fruit	Owoc
Gerst	Jęczmień
Groente	Warzywo
Herder	Pasterz
Irrigatie	Nawadnianie
Lam	Jagnię
Lama	Lama
Maïs	Kukurydza
Melk	Mleko
Schaap	Owce
Schuur	Stodoła
Tarwe	Pszenica
Tractor	Ciągnik
Weide	Łąka
Windmolen	Wiatrak

Boten
Łodzie

Anker	Kotwica
Bemanning	Załoga
Boei	Boja
Dok	Dok
Golven	Fale
Jacht	Jacht
Kano	Kajak
Maritiem	Morski
Mast	Maszt
Matroos	Marynarz
Meer	Jezioro
Motor	Silnik
Nautisch	Nautyczny
Oceaan	Ocean
Rivier	Rzeka
Touw	Lina
Veerboot	Prom
Vlot	Tratwa
Zee	Morze
Zeilboot	Żaglówka

Camping
Kemping

Avontuur	Przygoda
Berg	Góra
Bomen	Drzewa
Bos	Las
Brand	Ogień
Cabine	Kabina
Dieren	Zwierząt
Hangmat	Hamak
Hoed	Kapelusz
Insect	Owad
Jacht	Polowanie
Kaart	Mapa
Kano	Kajak
Kompas	Kompas
Lantaarn	Latarnia
Maan	Księżyc
Meer	Jezioro
Natuur	Natura
Tent	Namiot
Touw	Lina

Chemie
Chemia

Alkalisch	Alkaliczny
Chloor	Chlor
Elektron	Elektron
Enzym	Enzym
Gas	Gaz
Gewicht	Waga
Ion	Jon
Katalysator	Katalizator
Koolstof	Węgiel
Metalen	Metale
Molecuul	Cząsteczka
Organisch	Organiczny
Reactie	Reakcja
Temperatuur	Temperatura
Vloeistof	Ciecz
Warmte	Ciepło
Waterstof	Wodór
Zout	Sól
Zuur	Kwas
Zuurstof	Tlen

Chocolade
Czekolada

Antioxidant	Antyoksydant
Aroma	Aromat
Bitter	Gorzki
Cacao	Kakao
Calorieën	Kalorie
Eten	Jeść
Exotisch	Egzotyczny
Favoriet	Ulubiony
Heerlijk	Pyszny
Ingrediënt	Składnik
Karamel	Karmel
Kokosnoot	Kokos
Kwaliteit	Jakość
Poeder	Proszek
Recept	Przepis
Smaak	Smak
Snoep	Cukierek
Suiker	Cukier
Zoet	Słodkie

Creativiteit
Kreatywność

Artistiek	Artystyczny
Beeld	Obraz
Dramatisch	Dramatyczny
Echtheid	Autentyczność
Emoties	Emocje
Gevoel	Uczucie
Gevoelens	Uczucia
Helderheid	Przejrzystość
Indruk	Wrażenie
Inspiratie	Inspiracja
Intensiteit	Intensywność
Intuïtie	Intuicja
Inventief	Wynalazczy
Spontaan	Spontaniczny
Uitdrukking	Wyrażenie
Vaardigheid	Umiejętność
Verbeelding	Wyobraźnia
Visioenen	Wizje
Vitaliteit	Witalność
Vloeibaarheid	Płynność

Dagen en Maanden
Dni i Miesiące

Augustus	Sierpień
Dinsdag	Wtorek
Donderdag	Czwartek
Februari	Luty
Jaar	Rok
Januari	Styczeń
Juli	Lipiec
Juni	Czerwiec
Kalender	Kalendarz
Maand	Miesiąc
Maandag	Poniedziałek
Maart	Marsz
November	Listopad
Oktober	Październik
September	Wrzesień
Vrijdag	Piątek
Week	Tydzień
Woensdag	Środa
Zaterdag	Sobota
Zondag	Niedziela

Dans
Taniec

Academie	Akademia
Beweging	Ruch
Blij	Radosny
Choreografie	Choreografia
Cultureel	Kulturalny
Cultuur	Kultura
Emotie	Emocja
Expressief	Wyrazisty
Genade	Łaska
Houding	Postawa
Klassiek	Klasyczny
Kunst	Sztuka
Lichaam	Ciało
Muziek	Muzyka
Partner	Partner
Repetitie	Próba
Ritme	Rytm
Springen	Skok
Traditioneel	Tradycyjny
Visueel	Wizualny

De Media
Media

Advertenties	Reklamy
Commercieel	Komercyjne
Communicatie	Komunikacja
Digitaal	Cyfrowy
Editie	Wydanie
Feiten	Fakty
Financiering	Finansowanie
Individueel	Indywidualne
Industrie	Przemysł
Intellectueel	Intelektualny
Kranten	Gazety
Lokaal	Lokalny
Mening	Opinia
Netwerk	Sieć
Onderwijs	Edukacja
Online	Online
Publiek	Publiczny
Radio	Radio
Televisie	Telewizja
Tijdschriften	Czasopisma

Diplomatie
Dyplomacja

Adviseur	Doradca
Ambassade	Ambasada
Ambassadeur	Ambasador
Buitenlands	Zagraniczny
Burgers	Obywatele
Campagnes	Kampanie
Conflict	Konflikt
Diplomatiek	Dyplomatyczny
Discussie	Dyskusja
Ethiek	Etyka
Gemeenschap	Społeczność
Humanitair	Humanitarny
Integriteit	Uczciwość
Oplossing	Rozwiązanie
Politiek	Polityka
Regering	Rząd
Resolutie	Rezolucja
Samenwerking	Współpraca
Talen	Języki
Verdrag	Traktat

Ecologie
Ekologia

Bergen	Góry
Diversiteit	Różnorodność
Droogte	Susza
Duurzaam	Zrównoważony
Fauna	Fauna
Flora	Flora
Gemeenschappen	Społeczności
Globaal	Światowy
Habitat	Siedlisko
Klimaat	Klimat
Marinier	Morski
Moeras	Bagno
Natuur	Natura
Natuurlijk	Naturalny
Overleving	Przetrwanie
Planten	Rośliny
Soort	Gatunek
Variëteit	Odmiana
Vegetatie	Roślinność
Vrijwilligers	Wolontariusze

Energie
Energia

Accu	Bateria
Benzine	Benzyna
Brandstof	Paliwo
Diesel	Diesel
Elektrisch	Elektryczny
Elektron	Elektron
Entropie	Entropia
Foton	Foton
Hernieuwbaar	Odnawialne
Industrie	Przemysł
Koolstof	Węgiel
Motor	Silnik
Nucleair	Jądrowy
Omgeving	Środowisko
Stoom	Parowy
Turbine	Turbina
Warmte	Ciepło
Waterstof	Wodór
Wind	Wiatr
Zon	Słońce

Engineering
Inżynieria

As	Oś
Berekening	Obliczeń
Beweging	Ruch
Bouw	Budowa
Diagram	Diagram
Diameter	Średnica
Diepte	Głębokość
Diesel	Diesel
Energie	Energia
Hoek	Kąt
Kracht	Siła
Machine	Maszyna
Meting	Pomiar
Motor	Silnik
Rotatie	Obrót
Stabiliteit	Stabilność
Structuur	Struktura
Vloeistof	Ciecz
Voortstuwing	Napęd
Wrijving	Tarcie

Eten #1
Jedzenie # 1

Aardbei	Truskawka
Abrikoos	Morela
Basilicum	Bazylia
Citroen	Cytryna
Gerst	Jęczmień
Kaneel	Cynamon
Knoflook	Czosnek
Melk	Mleko
Peer	Gruszka
Pinda	Arachid
Salade	Sałatka
Sap	Sok
Soep	Zupa
Spinazie	Szpinak
Suiker	Cukier
Tonijn	Tuńczyk
Ui	Cebula
Vlees	Mięso
Wortel	Marchewka
Zout	Sól

Eten #2
Jedzenie # 2

Amandel	Migdał
Ananas	Ananas
Appel	Jabłko
Asperge	Szparag
Aubergine	Bakłażan
Banaan	Banan
Broccoli	Brokuły
Brood	Chleb
Druif	Winogrono
Ei	Jajko
Ham	Szynka
Kaas	Ser
Kip	Kurczak
Kiwi	Kiwi
Perzik	Brzoskwinia
Rijst	Ryż
Tarwe	Pszenica
Tomaat	Pomidor
Vis	Ryba
Yoghurt	Jogurt

Familie
Rodzina

Broer	Brat
Dochter	Córka
Grootmoeder	Babcia
Jeugd	Dzieciństwo
Kind	Dziecko
Kinderen	Dzieci
Kleinzoon	Wnuk
Man	Mąż
Moeder	Matka
Neef	Bratanek
Nicht	Siostrzenica
Oom	Wujek
Opa	Dziadek
Tante	Ciotka
Tweeling	Bliźnięta
Vader	Ojciec
Vaderlijk	Ojcowski
Voorouder	Przodek
Vrouw	Żona
Zus	Siostra

Fruit
Owoce

Abrikoos	Morela
Ananas	Ananas
Appel	Jabłko
Avocado	Awokado
Banaan	Banan
Bes	Jagoda
Citroen	Cytryna
Druif	Winogrono
Framboos	Malina
Kers	Wiśnia
Kiwi	Kiwi
Kokosnoot	Kokos
Mango	Mango
Meloen	Melon
Nectarine	Nektaryna
Oranje	Pomarańczowy
Papaja	Papaja
Peer	Gruszka
Perzik	Brzoskwinia
Pruim	Śliwka

Gebouwen
Budynek

Ambassade	Ambasada
Appartement	Apartament
Bioscoop	Kino
Cabine	Kabina
Fabriek	Fabryka
Garage	Garaż
Hotel	Hotel
Kasteel	Zamek
Laboratorium	Laboratorium
Museum	Muzeum
Observatorium	Obserwatorium
School	Szkoła
Schuur	Stodoła
Stadion	Stadion
Supermarkt	Supermarket
Tent	Namiot
Theater	Teatr
Toren	Wieża
Universiteit	Uniwersytet
Ziekenhuis	Szpital

Geografie
Geografia

Atlas	Atlas
Berg	Góra
Continent	Kontynent
Eiland	Wyspa
Evenaar	Równik
Grondgebied	Terytorium
Halfrond	Półkula
Hoogte	Wysokość
Kaart	Mapa
Land	Kraj
Meridiaan	Południk
Noorden	Północ
Oceaan	Ocean
Regio	Region
Rivier	Rzeka
Stad	Miasto
Wereld	Świat
Westen	Zachód
Zee	Morze
Zuiden	Południe

Geologie
Geologia

Calcium	Wapń
Continent	Kontynent
Erosie	Erozja
Fossiel	Skamieniałość
Geiser	Gejzer
Gesmolten	Ciekły
Grot	Grota
Koraal	Koral
Kristallen	Kryształy
Kwarts	Kwarc
Laag	Warstwa
Lava	Lawa
Mineralen	Minerały
Plateau	Płaskowyż
Stalactiet	Stalaktyt
Steen	Kamień
Vulkaan	Wulkan
Zone	Strefa
Zout	Sól
Zuur	Kwas

Geometrie
Geometria

Berekening	Obliczeń
Cirkel	Koło
Curve	Krzywa
Diameter	Średnica
Dimensie	Wymiar
Driehoek	Trójkąt
Hoek	Kąt
Hoogte	Wysokość
Horizontaal	Poziomy
Logica	Logika
Loodrecht	Prostopadły
Massa	Masa
Mediaan	Mediana
Oppervlak	Powierzchnia
Parallel	Równoległy
Segment	Człon
Symmetrie	Symetria
Theorie	Teoria
Vergelijking	Równanie
Verticaal	Pionowy

Getallen
Liczby

Acht	Osiem
Achttien	Osiemnaście
Dertien	Trzynaście
Drie	Trzy
Een	Jeden
Negen	Dziewięć
Nul	Zero
Tien	Dziesięć
Twaalf	Dwanaście
Twee	Dwa
Twintig	Dwadzieścia
Veertien	Czternaście
Vier	Cztery
Vijf	Pięć
Vijftien	Piętnaście
Wiskunde	Matematyka
Zes	Sześć
Zestien	Szesnaście
Zeven	Siedem
Zeventien	Siedemnaście

Gezondheid en Welzijn #1
Zdrowie i Wellness # 1

Actief	Aktywny
Apotheek	Apteka
Bacteriën	Bakteria
Behandeling	Leczenie
Breuk	Złamanie
Dokter	Lekarz
Gewoonte	Nawyk
Honger	Głód
Hoogte	Wysokość
Hormonen	Hormony
Houding	Postawa
Huid	Skóra
Kliniek	Klinika
Medicijn	Medycyna
Ontspanning	Relaks
Reflex	Odruch
Spieren	Mięśnie
Therapie	Terapia
Virus	Wirus
Zenuwen	Nerwy

Gezondheid en Welzijn #2
Zdrowie i Wellness # 2

Allergie	Alergia
Anatomie	Anatomia
Bloed	Krew
Calorie	Kaloria
Dieet	Dieta
Energie	Energia
Genetica	Genetyka
Gewicht	Waga
Gezond	Zdrowy
Hygiëne	Higiena
Infectie	Infekcja
Kracht	Siła
Lichaam	Ciało
Massage	Masaż
Spijsvertering	Trawienie
Stress	Stres
Vitamine	Witamina
Voeding	Odżywianie
Ziekenhuis	Szpital
Ziekte	Choroba

Groenten
Warzywa

Artisjok	Karczoch
Aubergine	Bakłażan
Broccoli	Brokuły
Erwt	Groch
Gember	Imbir
Knoflook	Czosnek
Komkommer	Ogórek
Olijf	Oliwa
Paddestoel	Grzyb
Peterselie	Pietruszka
Pompoen	Dynia
Raap	Rzepa
Radijs	Rzodkiewka
Salade	Sałatka
Selderij	Seler
Sjalot	Szalotka
Spinazie	Szpinak
Tomaat	Pomidor
Ui	Cebula
Wortel	Marchewka

Haartypes
Rodzaje Włosów

Blond	Blond
Bruin	Brązowy
Dik	Gruby
Droog	Suchy
Dun	Cienki
Gekleurd	Kolorowe
Gevlochten	Pleciony
Gezond	Zdrowy
Glimmend	Błyszczący
Golvend	Falisty
Grijs	Szary
Kaal	Łysy
Kort	Krótki
Krullen	Loki
Krullend	Kręcone
Lang	Długie
Wit	Biały
Zacht	Miękki
Zilver	Srebro
Zwart	Czarny

Herbalisme
Zielarstwo

Aromatisch	Aromatyczny
Basilicum	Bazylia
Bloem	Kwiat
Culinair	Kulinarny
Dille	Koper
Dragon	Estragon
Groen	Zielony
Ingrediënt	Składnik
Knoflook	Czosnek
Kwaliteit	Jakość
Lavendel	Lawenda
Marjolein	Majeranek
Oregano	Oregano
Peterselie	Pietruszka
Rozemarijn	Rozmaryn
Saffraan	Szafran
Smaak	Smak
Tijm	Tymianek
Tuin	Ogród
Venkel	Koper Włoski

Het Bedrijf
Przedsiębiorstwo

Beslissing	Decyzja
Creatief	Twórczy
Eenheden	Jednostki
Globaal	Światowy
Industrie	Przemysł
Inkomsten	Przychód
Innovatief	Innowacyjny
Investering	Inwestycja
Kwaliteit	Jakość
Loon	Wynagrodzenie
Mogelijkheid	Możliwość
Presentatie	Prezentacja
Product	Produkt
Professioneel	Profesjonalny
Reputatie	Reputacja
Risico'S	Ryzyka
Trends	Trendy
Vooruitgang	Postęp
Werkgelegenheid	Zatrudnienie
Zaak	Biznes

Huis
Dom

Bezem	Miotła
Bibliotheek	Biblioteka
Dak	Dach
Deur	Drzwi
Douche	Prysznic
Garage	Garaż
Haard	Kominek
Hek	Ogrodzenie
Kamer	Pokój
Kelder	Piwnica
Keuken	Kuchnia
Lamp	Lampa
Meubilair	Meble
Muur	Ściana
Plafond	Sufit
Schoorsteen	Komin
Slaapkamer	Sypialnia
Spiegel	Lustro
Tapijt	Dywan
Tuin	Ogród

Installaties
Rośliny

Bamboe	Bambus
Bes	Jagoda
Blad	Liść
Bloem	Kwiat
Boom	Drzewo
Boon	Fasola
Bos	Las
Cactus	Kaktus
Flora	Flora
Gebladerte	Liści
Gras	Trawa
Klimop	Bluszcz
Kruid	Zioło
Mest	Nawóz
Mos	Mech
Plantkunde	Botanika
Struik	Krzak
Tuin	Ogród
Vegetatie	Roślinność
Wortel	Źródło

Jazz
Jazz

Album	Album
Applaus	Oklaski
Artiest	Artysta
Beroemd	Sławny
Componist	Kompozytor
Concert	Koncert
Favorieten	Ulubione
Genre	Gatunek
Improvisatie	Improwizacja
Lied	Piosenka
Muziek	Muzyka
Nadruk	Nacisk
Nieuw	Nowy
Orkest	Orkiestra
Oud	Stary
Ritme	Rytm
Samenstelling	Kompozycja
Stijl	Styl
Talent	Talent
Techniek	Technika

Keuken
Kuchnia

Cup	Kubki
Eetstokjes	Pałeczki
Grill	Grill
Ketel	Czajnik
Koelkast	Lodówka
Kom	Miska
Kruik	Dzbanek
Lepels	Łyżki
Messen	Noże
Oven	Piekarnik
Pollepel	Chochla
Pot	Słoik
Recept	Przepis
Schort	Fartuch
Servet	Serwetka
Specerijen	Przyprawy
Spons	Gąbka
Voedsel	Żywność
Vorken	Widelce
Vriezer	Zamrażarka

Kleding
Ubrania

Armband	Bransoletka
Blouse	Bluza
Broek	Spodnie
Handschoenen	Rękawiczki
Hoed	Kapelusz
Jas	Płaszcz
Jasje	Kurtka
Jurk	Sukienka
Ketting	Naszyjnik
Mode	Moda
Pyjama	Piżama
Riem	Pas
Rok	Spódnica
Sandalen	Sandały
Schoen	But
Schort	Fartuch
Shirt	Koszula
Sjaal	Szalik
Sokken	Skarpety
Trui	Sweter

Koffie
Kawa

Aroma	Aromat
Beker	Filiżanka
Bitter	Gorzki
Cafeïne	Kofeina
Drank	Napój
Filter	Filtr
Geroosterd	Pieczony
Malen	Mielić
Melk	Mleko
Ochtend	Rano
Oorsprong	Pochodzenie
Prijs	Cena
Room	Krem
Smaak	Smak
Suiker	Cukier
Variëteit	Odmiana
Vloeistof	Ciecz
Water	Woda
Zuur	Kwaśny
Zwart	Czarny

Kracht en Zwaartekracht
Siła i Grawitacja

Afstand	Odległość
As	Oś
Baan	Orbita
Beweging	Ruch
Centrum	Centrum
Druk	Ciśnienie
Dynamisch	Dynamiczny
Eigendommen	Właściwości
Gewicht	Waga
Impact	Wpływ
Magnetisme	Magnetyzm
Mechanica	Mechanika
Natuurkunde	Fizyka
Ontdekking	Odkrycie
Planeten	Planety
Snelheid	Prędkość
Tijd	Czas
Uitbreiding	Ekspansja
Universeel	Uniwersalny
Wrijving	Tarcie

Kunst
Sztuka

Beeldhouwwerk	Rzeźba
Complex	Kompleks
Creëren	Stwórz
Eenvoudig	Prosty
Eerlijk	Uczciwy
Geïnspireerd	Zainspirowany
Humeur	Nastrój
Keramisch	Ceramiczny
Onderwerp	Temat
Origineel	Oryginał
Persoonlijk	Osobisty
Poëzie	Poezja
Portretteren	Przedstawiać
Samenstelling	Kompozycja
Schilderijen	Obrazy
Surrealisme	Surrealizm
Symbool	Symbol
Uitdrukking	Wyrażenie
Visueel	Wizualny

Kunstbenodigdheden
Materiały Artystyczne

Acryl	Akryl
Aquarellen	Akwarele
Borstels	Pędzle
Camera	Kamera
Creativiteit	Kreatywność
Ezel	Sztaluga
Gom	Gumka
Ideeën	Pomysły
Inkt	Atrament
Klei	Glina
Kleuren	Kolory
Lijm	Klej
Olie	Olej
Papier	Papier
Pastel	Pastele
Potloden	Ołówki
Stoel	Krzesło
Tafel	Stół
Verf	Farby
Water	Woda

Landen #1
Kraje # 1

België	Belgia
Brazilië	Brazylia
Cambodja	Kambodża
Canada	Kanada
Chili	Chile
Duitsland	Niemcy
Egypte	Egipt
Irak	Irak
Israël	Izrael
Italië	Włochy
Letland	Łotwa
Libië	Libia
Marokko	Maroko
Nicaragua	Nikaragua
Noorwegen	Norwegia
Panama	Panama
Polen	Polska
Roemenië	Rumunia
Senegal	Senegal
Spanje	Hiszpania

Landen #2
Kraje # 2

Denemarken	Dania
Ethiopië	Etiopia
Frankrijk	Francja
Griekenland	Grecja
Ierland	Irlandia
Indonesië	Indonezja
Japan	Japonia
Kenia	Kenia
Laos	Laos
Libanon	Liban
Liberia	Liberia
Maleisië	Malezja
Mexico	Meksyk
Nepal	Nepal
Nigeria	Nigeria
Oeganda	Uganda
Oekraïne	Ukraina
Rusland	Rosja
Somalië	Somalia
Syrië	Syria

Landschappen
Krajobrazy

Berg	Góra
Eiland	Wyspa
Geiser	Gejzer
Gletsjer	Lodowiec
Grot	Jaskinia
Heuvel	Wzgórze
IJsberg	Góra Lodowa
Meer	Jezioro
Moeras	Bagno
Oase	Oaza
Oceaan	Ocean
Rivier	Rzeka
Schiereiland	Półwysep
Strand	Plaża
Toendra	Tundra
Vallei	Dolina
Vulkaan	Wulkan
Waterval	Wodospad
Woestijn	Pustynia
Zee	Morze

Literatuur
Literatura

Analogie	Analogia
Analyse	Analiza
Anekdote	Anegdota
Auteur	Autor
Biografie	Biografia
Conclusie	Wniosek
Dialoog	Dialog
Fictie	Fikcja
Gedicht	Wiersz
Mening	Opinia
Metafoor	Metafora
Poëtisch	Poetycki
Rijm	Rym
Ritme	Rytm
Roman	Powieść
Stijl	Styl
Thema	Temat
Tragedie	Tragedia
Vergelijking	Porównanie
Verteller	Narrator

Meditatie
Medytacja

Aandacht	Uwaga
Aanvaarding	Przyjęcie
Ademhaling	Oddechowy
Beweging	Ruch
Dankbaarheid	Wdzięczność
Emoties	Emocje
Gedachten	Myśli
Geluk	Szczęście
Helderheid	Przejrzystość
Houding	Postawa
Mededogen	Współczucie
Mentaal	Psychiczny
Muziek	Muzyka
Natuur	Natura
Observatie	Obserwacja
Perspectief	Perspektywa
Stilte	Cisza
Vrede	Pokój
Vriendelijkheid	Życzliwość
Wakker	Obudzić

Meer Informatie
Fantastyka Naukowa

Bioscoop	Kino
Boeken	Książki
Brand	Ogień
Denkbeeldig	Wyimaginowany
Dystopie	Dystopia
Explosie	Wybuch
Extreem	Skrajny
Fantastisch	Fantastyczny
Futuristisch	Futurystyczny
Illusie	Iluzja
Mysterieus	Tajemniczy
Orakel	Wyrocznia
Planeet	Planeta
Realistisch	Realistyczny
Robots	Roboty
Scenario	Scenariusz
Sterrenstelsel	Galaktyka
Technologie	Technologia
Utopie	Utopia
Wereld	Świat

Menselijk Lichaam
Ciało Ludzkie

Been	Noga
Bloed	Krew
Elleboog	Łokieć
Enkel	Kostka
Hand	Ręka
Hart	Serce
Hersenen	Mózg
Hoofd	Głowa
Huid	Skóra
Kaak	Szczęka
Kin	Podbródek
Knie	Kolano
Maag	Żołądek
Mond	Usta
Nek	Szyja
Neus	Nos
Oor	Ucho
Schouder	Ramię
Tong	Język
Vinger	Palec

Metingen
Pomiary

Breedte	Szerokość
Byte	Bajt
Centimeter	Centymetr
Decimaal	Dziesiętny
Diepte	Głębokość
Gewicht	Waga
Graad	Stopień
Gram	Gram
Hoogte	Wysokość
Inch	Cal
Kilogram	Kilogram
Kilometer	Kilometr
Lengte	Długość
Liter	Litr
Massa	Masa
Meter	Metr
Minuut	Minuta
Ons	Uncja
Ton	Tona
Volume	Objętość

Mode
Moda

Afmetingen	Pomiary
Bescheiden	Skromny
Betaalbaar	Niedrogie
Borduurwerk	Haft
Comfortabel	Wygodny
Duur	Drogi
Eenvoudig	Prosty
Elegant	Elegancki
Kant	Koronki
Kleding	Odzież
Knop	Przyciski
Modern	Nowoczesny
Origineel	Oryginał
Patroon	Wzór
Praktisch	Praktyczny
Stijl	Styl
Stof	Tkanina
Textuur	Tekstura
Trend	Tendencja
Winkel	Butik

Muziek
Muzyka

Album	Album
Ballade	Ballada
Harmonie	Harmonia
Improviseren	Improwizować
Instrument	Instrument
Klassiek	Klasyczny
Koor	Chór
Lyrisch	Liryczny
Melodie	Melodia
Microfoon	Mikrofon
Muzikaal	Musical
Muzikant	Muzyk
Opera	Opera
Opname	Nagranie
Poëtisch	Poetycki
Ritme	Rytm
Ritmisch	Rytmiczny
Tempo	Tempo
Zanger	Piosenkarz
Zingen	Śpiewać

Muziekinstrumenten
Instrumenty Muzyczne

Banjo	Banjo
Cello	Wiolonczela
Fagot	Fagot
Fluit	Flet
Gitaar	Gitara
Gong	Gong
Harp	Harfa
Hobo	Obój
Klarinet	Klarnet
Mandoline	Mandolina
Marimba	Marimba
Mondharmonica	Harmonijka
Percussie	Perkusja
Piano	Pianino
Saxofoon	Saksofon
Tamboerijn	Tamburyn
Trombone	Puzon
Trommel	Bęben
Trompet	Trąbka
Viool	Skrzypce

Mythologie
Mitologia

Archetype	Archetyp
Bliksem	Piorun
Creatie	Kreacja
Cultuur	Kultura
Donder	Grzmot
Doolhof	Labirynt
Gedrag	Zachowanie
Held	Bohater
Heldin	Bohaterka
Hemel	Niebo
Jaloezie	Zazdrość
Kracht	Siła
Krijger	Wojownik
Legende	Legenda
Magisch	Magiczny
Monster	Potwór
Ramp	Katastrofa
Sterfelijk	Śmiertelny
Wezen	Stworzenie
Wraak	Zemsta

Natuur
Przyroda

Arctisch	Arktyczny
Bijen	Pszczoły
Bos	Las
Dieren	Zwierząt
Dynamisch	Dynamiczny
Erosie	Erozja
Gebladerte	Liści
Gletsjer	Lodowiec
Heiligdom	Sanktuarium
Klippen	Klify
Mist	Mgła
Rivier	Rzeka
Schoonheid	Piękno
Schuilplaats	Schronienie
Sereen	Spokojny
Tropisch	Tropikalny
Vitaal	Istotne
Wild	Dziki
Woestijn	Pustynia
Wolken	Chmury

Natuurkunde
Fizyka

Atoom	Atom
Chaos	Chaos
Chemisch	Chemiczny
Deeltje	Cząstka
Dichtheid	Gęstość
Elektron	Elektron
Experiment	Eksperyment
Formule	Formuła
Frequentie	Częstotliwość
Gas	Gaz
Magnetisme	Magnetyzm
Massa	Masa
Mechanica	Mechanika
Molecuul	Cząsteczka
Motor	Silnik
Relativiteit	Względność
Snelheid	Prędkość
Uitbreiding	Ekspansja
Universeel	Uniwersalny
Zwaartekracht	Grawitacja

Oceaan
Ocean

Aal	Węgorz
Algen	Glony
Boot	Łódź
Dolfijn	Delfin
Garnaal	Krewetka
Getijden	Pływy
Haai	Rekin
Koraal	Koral
Krab	Krab
Kwal	Meduza
Octopus	Ośmiornica
Oester	Ostryga
Rif	Rafa
Schildpad	Żółw
Spons	Gąbka
Storm	Burza
Tonijn	Tuńczyk
Vis	Ryba
Walvis	Wieloryb
Zout	Sól

Opwarming van de Aarde
Globalne Ocieplenie

Aandacht	Uwaga
Arctisch	Arktyczny
Crisis	Kryzys
Energie	Energia
Gas	Gaz
Gegevens	Dane
Generaties	Pokolenia
Gevolgen	Konsekwencje
Industrie	Przemysł
Klimaat	Klimat
Mensen	Ludzie
Milieu	Środowisko
Nu	Teraz
Ontwikkeling	Rozwój
Regering	Rząd
Temperaturen	Temperatury
Toekomst	Przyszłość
Veranderingen	Zmiany
Wetenschapper	Naukowiec
Wetgeving	Ustawodawstwo

Overheid
Rząd

Burgerschap	Obywatelstwo
Civiel	Cywilny
Democratie	Demokracja
Discussie	Dyskusja
Gelijkheid	Równość
Gerechtelijk	Sądowy
Grondwet	Konstytucja
Leider	Lider
Monument	Pomnik
Natie	Naród
Nationaal	Krajowe
Politiek	Polityka
Rechten	Prawa
Rustig	Spokojna
Staat	Stan
Symbool	Symbol
Toespraak	Mowa
Vrijheid	Wolność
Wet	Prawo
Wijk	Dzielnica

Psychologie
Psychologia

Afspraak	Spotkanie
Beoordeling	Ocena
Bewusteloos	Nieprzytomny
Cognitie	Poznanie
Conflict	Konflikt
Dromen	Marzenia
Ego	Ego
Emoties	Emocje
Ervaringen	Doświadczenia
Gedachten	Myśli
Gedrag	Zachowanie
Gevoel	Uczucie
Invloed	Wpływy
Jeugd	Dzieciństwo
Klinisch	Kliniczny
Perceptie	Postrzeganie
Persoonlijkheid	Osobowość
Probleem	Problem
Realiteit	Rzeczywistość
Therapie	Terapia

Restaurant #1
Restauracja # 1

Allergie	Alergia
Bord	Talerz
Brood	Chleb
Eten	Jeść
Ingrediënten	Składniki
Kassier	Kasjer
Keuken	Kuchnia
Kip	Kurczak
Koffie	Kawa
Kom	Miska
Menu	Menu
Mes	Nóż
Pittig	Pikantny
Reservering	Rezerwacja
Saus	Sos
Serveerster	Kelnerka
Servet	Serwetka
Toetje	Deser
Vlees	Mięso
Voedsel	Żywność

Restaurant #2
Restauracja # 2

Cake	Ciasto
Diner	Obiad
Drank	Napój
Eieren	Jaja
Fruit	Owoc
Groente	Warzywa
Heerlijk	Pyszny
Ijs	Lód
Lepel	Łyżka
Noedels	Makaron
Ober	Kelner
Salade	Sałatka
Soep	Zupa
Specerijen	Przyprawy
Stoel	Krzesło
Vis	Ryba
Voorgerecht	Przystawka
Vork	Widelec
Water	Woda
Zout	Sól

Rijden
Prowadzenie Pojazdów

Auto	Samochód
Brandstof	Paliwo
Bus	Autobus
Garage	Garaż
Gas	Gaz
Kaart	Mapa
Licentie	Licencja
Motor	Silnik
Motorfiets	Motocykl
Ongeluk	Wypadek
Politie	Policja
Remmen	Hamulce
Snelheid	Prędkość
Straat	Ulica
Tunnel	Tunel
Verkeer	Ruch Drogowy
Vervoer	Transport
Voetganger	Pieszy
Vrachtauto	Ciężarówka
Weg	Droga

Schaken
Szachy

Diagonaal	Przekątna
Kampioen	Mistrz
Koning	Król
Koningin	Królowa
Offer	Poświęcenie
Passief	Bierny
Punten	Punkty
Reglement	Zasady
Slim	Sprytny
Spel	Gra
Speler	Gracz
Strategie	Strategia
Tegenstander	Przeciwnik
Tijd	Czas
Toernooi	Turniej
Uitdagingen	Wyzwania
Wedstrijd	Konkurs
Wit	Biały
Zwart	Czarny

Schoonheid
Piękno

Charme	Urok
Cosmetica	Kosmetyki
Diensten	Usługi
Elegant	Elegancki
Elegantie	Elegancja
Fotogeniek	Fotogeniczny
Genade	Łaska
Geur	Zapach
Glad	Gładki
Huid	Skóra
Kleur	Kolor
Krullen	Loki
Lippenstift	Szminka
Mascara	Tusz do Rzęs
Producten	Produkty
Schaar	Nożyczki
Shampoo	Szampon
Spiegel	Lustro
Stilist	Stylista
Verzinnen	Makijaż

Specerijen
Przyprawy

Anijs	Anyż
Bitter	Gorzki
Fenegriek	Kozieradka
Gember	Imbir
Kaneel	Cynamon
Kardemom	Kardamon
Kerrie	Curry
Knoflook	Czosnek
Komijn	Kminek
Koriander	Kolendra
Kruidnagel	Goździk
Paprika	Papryka
Peper	Pieprz
Saffraan	Szafran
Smaak	Smak
Ui	Cebula
Vanille	Wanilia
Venkel	Koper Włoski
Zoet	Słodkie
Zout	Sól

Stad
Miasto

Apotheek	Apteka
Bakkerij	Piekarnia
Bank	Bank
Bibliotheek	Biblioteka
Bioscoop	Kino
Bloemist	Kwiaciarz
Boekhandel	Księgarnia
Dierentuin	Zoo
Galerij	Galeria
Hotel	Hotel
Kliniek	Klinika
Luchthaven	Lotnisko
Markt	Rynek
Museum	Muzeum
School	Szkoła
Stadion	Stadion
Supermarkt	Supermarket
Theater	Teatr
Universiteit	Uniwersytet
Winkel	Sklep

Tijd
Czas

Dag	Dzień
Decennium	Dekada
Eeuw	Stulecie
Gisteren	Wczoraj
Jaar	Rok
Jaarlijks	Roczne
Kalender	Kalendarz
Klok	Zegar
Maand	Miesiąc
Middag	Południe
Minuut	Minuta
Na	Po
Nacht	Noc
Nu	Teraz
Ochtend	Rano
Toekomst	Przyszłość
Uur	Godzina
Vandaag	Dzisiaj
Vroeg	Wczesny
Week	Tydzień

Tuin
Ogród

Bank	Ławka
Bloem	Kwiat
Boom	Drzewo
Boomgaard	Sad
Garage	Garaż
Gazon	Trawnik
Gras	Trawa
Hangmat	Hamak
Hark	Grabie
Hek	Ogrodzenie
Onkruid	Chwasty
Rotsen	Skały
Schop	Łopata
Slang	Wąż
Struik	Krzak
Terras	Taras
Trampoline	Trampolina
Tuin	Ogród
Vijver	Staw
Wijnstok	Winorośl

Tuinieren
Prace Ogrodowe

Blad	Liść
Bloemen	Kwiatowy
Bloesem	Kwitnąć
Bodem	Gleba
Boeket	Bukiet
Boomgaard	Sad
Botanisch	Botaniczny
Compost	Kompost
Container	Pojemnik
Eetbaar	Jadalny
Exotisch	Egzotyczny
Gebladerte	Liści
Klimaat	Klimat
Seizoensgebonden	Sezonowy
Slang	Wąż
Soort	Gatunek
Vocht	Wilgoć
Vuil	Brud
Water	Woda
Zaden	Nasiona

Vakantie #2
Wakacje # 2

Buitenlander	Cudzoziemiec
Buitenlands	Zagraniczny
Eiland	Wyspa
Hotel	Hotel
Kaart	Mapa
Kamperen	Kemping
Luchthaven	Lotnisko
Paspoort	Paszport
Reis	Podróż
Reserveringen	Rezerwacje
Restaurant	Restauracja
Strand	Plaża
Taxi	Taxi
Tent	Namiot
Trein	Pociąg
Vakantie	Wakacje
Vervoer	Transport
Visum	Wiza
Vrije Tijd	Wypoczynek
Zee	Morze

Vliegtuigen
Samoloty

Afdaling	Zejście
Atmosfeer	Atmosfera
Avontuur	Przygoda
Ballon	Balon
Bemanning	Załoga
Bouw	Budowa
Brandstof	Paliwo
Geschiedenis	Historia
Hemel	Niebo
Hoogte	Wysokość
Landen	Lądowanie
Lucht	Powietrze
Motor	Silnik
Navigeren	Nawigować
Ontwerp	Projekt
Passagier	Pasażer
Piloot	Pilot
Richting	Kierunek
Turbulentie	Turbulencja
Waterstof	Wodór

Voeding
Odżywianie

Bitter	Gorzki
Calorieën	Kalorie
Dieet	Dieta
Eetbaar	Jadalny
Eetlust	Apetyt
Eiwitten	Białka
Evenwichtig	Zrównoważony
Fermentatie	Fermentacja
Gewicht	Waga
Gezond	Zdrowy
Gezondheid	Zdrowie
Koolhydraten	Węglowodany
Kwaliteit	Jakość
Saus	Sos
Smaak	Smak
Specerijen	Przyprawy
Spijsvertering	Trawienie
Toxine	Toksyna
Vitamine	Witamina
Vloeistoffen	Płyny

Voertuigen
Pojazdy

Ambulance	Ambulans
Auto	Samochód
Banden	Opony
Boot	Łódź
Bus	Autobus
Caravan	Karawana
Fiets	Rower
Helikopter	Śmigłowiec
Metro	Metro
Motor	Silnik
Onderzeeër	Łódź Podwodna
Raket	Rakieta
Scooter	Skuter
Taxi	Taxi
Tractor	Ciągnik
Trein	Pociąg
Veerboot	Prom
Vliegtuig	Samolot
Vlot	Tratwa
Vrachtauto	Ciężarówka

Vogels
Ptaki

Duif	Gołąb
Eend	Kaczka
Ei	Jajko
Flamingo	Flaming
Gans	Gęś
Kip	Kurczak
Koekoek	Kukułka
Kraai	Wrona
Meeuw	Mewa
Mus	Wróbel
Ooievaar	Bocian
Papegaai	Papuga
Pauw	Paw
Pelikaan	Pelikan
Pinguïn	Pingwin
Reiger	Czapla
Struisvogel	Struś
Toekan	Tukan
Uil	Sowa
Zwaan	Łabędź

Vormen
Kształty

Bol	Kula
Boog	Łuk
Cilinder	Cylinder
Cirkel	Koło
Curve	Krzywa
Driehoek	Trójkąt
Hoek	Narożnik
Hyperbool	Hiperbola
Kant	Bok
Kegel	Stożek
Kubus	Sześcian
Lijn	Linia
Ovaal	Owal
Piramide	Piramida
Prisma	Pryzmat
Randen	Krawędzie
Rechthoek	Prostokąt
Ronde	Okrągły
Veelhoek	Wielokąt
Vierkant	Kwadrat

Wandelen
Turystyka Piesza

Berg	Góra
Dieren	Zwierząt
Gevaren	Zagrożenia
Kaart	Mapa
Kamperen	Kemping
Klif	Klif
Klimaat	Klimat
Laarzen	Buty
Moe	Zmęczony
Muggen	Komary
Natuur	Natura
Oriëntatie	Orientacja
Parken	Parki
Stenen	Kamienie
Top	Szczyt
Voorbereiding	Przygotowanie
Water	Woda
Wild	Dziki
Zon	Słońce
Zwaar	Ciężki

Water
Woda

Douche	Prysznic
Geiser	Gejzer
Golven	Fale
Ijs	Lód
Irrigatie	Nawadnianie
Kanaal	Kanał
Meer	Jezioro
Moesson	Monsun
Oceaan	Ocean
Orkaan	Huragan
Overstroming	Powódź
Regen	Deszcz
Rivier	Rzeka
Sneeuw	Śnieg
Stoom	Parowy
Verdamping	Parowanie
Vocht	Wilgoć
Vochtig	Wilgotny
Vochtigheid	Wilgotność
Vorst	Mróz

Weersomstandigheden
Pogoda

Atmosfeer	Atmosfera
Bliksem	Piorun
Donder	Grzmot
Droogte	Susza
Hemel	Niebo
Ijs	Lód
Klimaat	Klimat
Mist	Mgła
Moesson	Monsun
Orkaan	Huragan
Overstroming	Powódź
Polair	Polarny
Regenboog	Tęcza
Storm	Burza
Temperatuur	Temperatura
Tornado	Tornado
Tropisch	Tropikalny
Vochtig	Wilgotny
Wind	Wiatr
Wolk	Chmura

Wetenschap
Nauki Ścisłe

Atoom	Atom
Chemisch	Chemiczny
Deeltjes	Cząstki
Evolutie	Ewolucja
Experiment	Eksperyment
Feit	Fakt
Fossiel	Skamieniałość
Gegevens	Dane
Hypothese	Hipoteza
Klimaat	Klimat
Laboratorium	Laboratorium
Methode	Metoda
Mineralen	Minerały
Moleculen	Cząsteczki
Natuur	Natura
Natuurkunde	Fizyka
Observatie	Obserwacja
Organisme	Organizm
Wetenschapper	Naukowiec
Zwaartekracht	Grawitacja

Wetenschappelijke Discip
Dyscypliny Naukowe

Anatomie	Anatomia
Archeologie	Archeologia
Astronomie	Astronomia
Biochemie	Biochemia
Biologie	Biologia
Chemie	Chemia
Ecologie	Ekologia
Fysiologie	Fizjologia
Geologie	Geologia
Immunologie	Immunologia
Mechanica	Mechanika
Meteorologie	Meteorologia
Mineralogie	Mineralogia
Neurologie	Neurologia
Plantkunde	Botanika
Psychologie	Psychologia
Robotica	Robotyka
Sociologie	Socjologia
Thermodynamica	Termodynamika
Voeding	Odżywianie

Wiskunde
Matematyka

Decimaal	Dziesiętny
Diameter	Średnica
Divisie	Podział
Driehoek	Trójkąt
Exponent	Wykładnik
Fractie	Frakcja
Geometrie	Geometria
Hoeken	Kąty
Loodrecht	Prostopadły
Omtrek	Obwód
Parallel	Równoległy
Parallellogram	Równoległobok
Rechthoek	Prostokąt
Rekenkundig	Arytmetyka
Som	Suma
Symmetrie	Symetria
Veelhoek	Wielokąt
Vergelijking	Równanie
Vierkant	Kwadrat
Volume	Objętość

Zakelijk
Biznes

Bedrijf	Firma
Begroting	Budżet
Belastingen	Podatki
Carrière	Kariera
Economie	Ekonomia
Fabriek	Fabryka
Financiën	Finanse
Geld	Pieniądze
Inkomen	Dochód
Investering	Inwestycja
Kantoor	Biuro
Korting	Rabat
Kosten	Koszt
Transactie	Transakcja
Valuta	Waluta
Verkoop	Sprzedaż
Werkgever	Pracodawca
Werknemer	Pracownik
Winkel	Sklep
Winst	Zysk

Ziekte
Choroby

Acuut	Ostry
Ademhaling	Oddechowy
Allergieën	Alergie
Bacterieel	Bakteryjny
Besmettelijk	Zaraźliwy
Botten	Kości
Buik	Brzuszny
Chronisch	Chroniczny
Erfelijk	Dziedziczny
Genetisch	Genetyczny
Gezondheid	Zdrowie
Hart	Serce
Immuniteit	Odporność
Lichaam	Ciało
Neuropathie	Neuropatia
Ontsteking	Zapalenie
Sinus	Zatok
Syndroom	Zespół
Therapie	Terapia
Zwak	Słaby

Zoogdieren
Ssaki

Aap	Małpa
Bever	Bóbr
Coyote	Kojot
Dolfijn	Delfin
Ezel	Osioł
Geit	Koza
Giraf	Żyrafa
Gorilla	Goryl
Hond	Pies
Kameel	Wielbłąd
Kangoeroe	Kangur
Kat	Kot
Konijn	Królik
Leeuw	Lew
Olifant	Słoń
Paard	Koń
Stier	Byk
Vos	Lis
Walvis	Wieloryb
Wolf	Wilk

Gefeliciteerd

Je hebt het gehaald!

We hopen dat u net zoveel plezier beleeft aan dit boek als wij aan het maken ervan. We doen ons best om spellen van hoge kwaliteit te maken.
Deze puzzels zijn op een slimme manier ontworpen zodat je actief kunt leren terwijl je plezier hebt!

Vond je ze mooi?

Een Eenvoudig Verzoek

Onze boeken bestaan dankzij de recensies die zij publiceren. Kunt u ons helpen door nu een mening achter te laten ?

Hier is een korte link die u naar uw bestellingen beoordelingspagina.

BestBooksActivity.com/Recensie50

FINAAL UITDAGING!

Uitdaging nr. 1

Klaar voor uw bonusspel? We gebruiken ze de hele tijd, maar ze zijn niet zo gemakkelijk te vinden. Hier zijn **Synoniemen!**

Noteer 5 woorden die je ontdekt hebt in elk van de onderstaande puzzels (nr. 21, nr. 36, nr. 76) en probeer voor elk woord 2 synoniemen te vinden.

Notitie 5 Woorden uit **Puzzle 21**

Woorden	Synoniem 1	Synoniem 2

Notitie 5 Woorden uit **Puzzle 36**

Woorden	Synoniem 1	Synoniem 2

Notitie 5 Woorden uit **Puzzle 76**

Woorden	Synoniem 1	Synoniem 2

Uitdaging nr. 2

Nu je opgewarmd bent, noteer 5 woorden die je ontdekt hebt in elke hieronder genoteerde puzzel (nr. 9, nr. 17, nr. 25) en probeer voor elk woord 2 antoniemen te vinden. Hoeveel regels kan je doen in 20 minuten?

Notitie 5 Woorden uit *Puzzle 9*

Woorden	Antoniem 1	Antoniem 2

Notitie 5 Woorden uit *Puzzle 17*

Woorden	Antoniem 1	Antoniem 2

Notitie 5 Woorden uit *Puzzle 25*

Woorden	Antoniem 1	Antoniem 2

Uitdaging nr. 3

Prachtig, deze finaal uitdaging is makkelijk voor jou!

Klaar voor de laatste? Kies je 10 favoriete woorden die je in een van de puzzels hebt ontdekt en noteer ze hieronder.

1.	6.
2.	7.
3.	8.
4.	9.
5.	10.

De uitdaging is nu om met deze woorden en binnen een maximum van zes zinnen een tekst te schrijven over een persoon, dier of plaats waar je van houdt!

Tip: U kunt de laatste blanco pagina van dit boek als kladblaadje gebruiken!

Je schrijven:

NOTITIEBOEKJE:

TOT SNEL!

Linguas Classics

GENIET VAN GRATIS SPELLEN

GO

↓

BESTACTIVITYBOOKS.COM/FREEGAMES

www.ingramcontent.com/pod-product-compliance
Lightning Source LLC
Chambersburg PA
CBHW082059120626
46553CB00011B/3468